はじめに

　夢や願いをかなえるには、「才能」「チャンス」「幸運」という3つの要素が必要です。

　たとえば、あなたが歌手になりたいと思っても、歌がへたでは歌手になれないし、才能があって歌がうまくても、人前で歌うチャンスがなければ、その才能をだれにもわかってもらえません。たとえ才能があってチャンスにめぐまれても、歌手になれない人はいっぱいいます。歌手になれるかなれないかは、才能とチャンスに、もうひとつ「幸運」があるかどうかなのです。

　才能とチャンスは、努力をすればなんとかなるでしょう。歌手になるための学校もオーディションもいっぱいありますからね。でも、最後の「幸運」だけは、努力でもお金でも手にはいらないもの。こればかりは運勢という運のながれの、タイミングのよしあしで決まるからです。

　「トランプ占い」は、カードのめぐりあわせから、あなたの運のよしあしをリアルタイムで判断するものです。あなたがなにかをはじめようと思ったとき、この「トランプ占い」を活用してください。きっと、あなたの夢や願いをかなえる、大きな味方になってくれるはずです。

目次

トランプ占いをする前に ………………………… 6

第1章　恋のトランプ占い
ふたりのアツアツ度がわかる！

シンデレラ占い ……………………………………10
恋のストーリー占い ………………………………14
★ ステキな出会いをみちびくおまじない ………… 22
★ モテモテになれるおまじない ………………… 23
ふたりのハート占い ………………………………24
恋人熱愛度占い ……………………………………28
ふたりの恋のゆくえ占い …………………………34
★ 両思いになれるおまじない１ ………… 42
★ 両思いになれるおまじない２ ………… 43
トランプ星座占い …………………………………44
恋のイニシャル占い ………………………………50
★ ふたりの仲を発展させるおまじない ………… 52

第2章 友情のトランプ占い
友だちのことや人間関係がわかる！

友だち相性占い …………………………54
幸運パートナー占い …………………………58
★ 人間関係をスムーズにするおまじない ………… 62
ラッキーイニシャル占い …………………………63
友情の五芒星占い …………………………66
★ 友だちとなかなおりできるおまじない ………… 69
ピラミッドくずし占い …………………………70
友情の曜日占い …………………………77
★ 友だちの誤解をとくおまじない ………… 80

第3章 だいじなときのトランプ占い
どんななやみでも、すぐに解決！

今日の運気占い…………………………82

時計占い……………………………………86

★ わるいことをふせぐおまじない …………96

ゴー・ストップ占い………………………97

チャンス占い ………………………………100

未来の職業占い……………………………104

1週間の運気占い…………………………110

12星座の今日の運勢 ……………………113

1週間の金運占い…………………………118

★ 金運アップのおまじない …………………125

さがしもの占い……………………………126

幸運チャートテスト………………………131

幸運度&苦労度グラフ……………………135

なんでも方位占い…………………………139

★ 学力が向上するおまじない ………………143

トランプ占いをする前に

トランプ占いのルール

　トランプ占いは、だれにでもかんたんにできます。ただし、占う人のパワーを最大限にひきだすために、いくつかのルールをまもる必要があります。下のルールだけは、おぼえておきましょう。

♥

① 占いにつかうカードと、ゲームにつかうカードは別べつにして、占い専用のカードを用意しましょう。

♠

② 占いは、清潔な場所でおこないましょう。占い専用のハンカチなどを用意するのもいいでしょう。

♦

③ あそび半分で占うのはやめましょう。いいかげんな気もちで占うと、わるい結果をひきよせることもあります。

♣

④ おなじ占いを、1日に何度もやらないようにしましょう。何度もやると、占いのパワーがおちてしまいます。

マークの名前とカードの読みかた

トランプには4種類(しゅるい)のマークがあり、それぞれのマークには13枚(まい)のカードがあります。それに、ジョーカーという特別(とくべつ)なカード1枚(まい)をくわえた53枚(まい)が、トランプの1セットです。

マークの名前

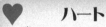 ハート
聖(せい)なるカップのシンボル。心の幸福やよろこびをあらわします。新しい生命が誕生(たんじょう)するときの乾杯(かんぱい)を意味するマークです。

♠ スペード
剣(つるぎ)のシンボル。権力(けんりょく)や侵略(しんりゃく)、破壊(はかい)などをあらわします。土地をたがやすクワの意味も。戦(たたか)いや苦労(くろう)を意味するマークです。

◆ ダイヤ
コインのシンボル。金銭(きんせん)的(てき)な成功(せいこう)や仕事の成功(せいこう)をあらわします。光りかがやく太陽(たいよう)のような富(とみ)を意味するマークです。

♣ クラブ
3つの枝(えだ)をもつこん棒(ぼう)のシンボル。成長(せいちょう)や繁栄(はんえい)をあらわします。幸福や心をささえるつえ、強い友情(ゆうじょう)を意味するマークです。

カードの読みかた

カード	♥A	♥2……♥10	♥J	♥Q	♥K	JOKER
種類(しゅるい)	A	2……10	J	Q	K	JOKER
読みかた	エース	—	ジャック	クイーン	キング	ジョーカー
数字	1	2……10	11	12	13	—

シャッフルとカット

シャッフル

カードをまぜあわせることを「シャッフル」といいます。①全体をかきまぜる、②きりながらまぜる、③カードを交互にまぜる、などのやりかたがあります。

カット

「カット」は、すべてのカードをよくシャッフルしたあと、適当な位置で2〜4くらいの山にわけ、上下の山の順番をいれかえてかさねることです。

カードのたばを「山」というのね。

第1章

恋のトランプ占い

ふたりのアツアツ度がわかる！

シンデレラ占い

あなたの出会いのチャンスを占う

ステキな人との運命的な出会いを期待して、心をときめかせているあなたには、近いうちに出会いのチャンスがおとずれるかもしれません。

つかうカード
♥♦♠♣のそれぞれ J、Q、K、Aの合計16枚

この「シンデレラ占い」は、あなたと運命の人との出会いを、王子様とシンデレラにたとえて占うものです。運命の人との出会いのチャンスと、その時期を占ってみましょう。

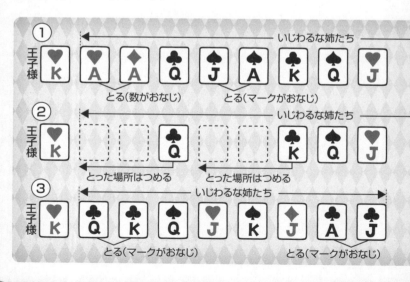

占いかた

step1 カードのなかから、♥Kと♥Qの2枚をぬきだす。♥Kは王子様（男性）、♥Qはシンデレラ（女性）をあらわす。のこりの14枚のカードをよくシャッフルする。

step2 下の図の①のように、♥Kと♥Qを両端におき、14枚のカードをそのあいだにならべていく。これら14枚のカードは、王子様とシンデレラの仲をはばもうとする、いじわるな姉たちをあらわす。

step3 ♥Kと♥Qをのぞいた、姉たちをあらわすカードに注目。となり同士のカードが「おなじ数」か「おなじマーク」の場合、2枚を1組として、図の②のように、その場所からとる。あいた場所は、図の③のようにつめる。

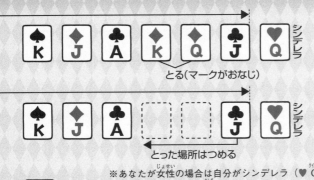

※あなたが女性の場合は自分がシンデレラ（♥Q）、男性の場合は自分が王子様（♥K）とみたてる。
※♥Kと♥Qだけは、となりあったカードのマークや数がおなじでも、とることはできない。
※とれるカードが連続した場合は、好きな場所からとる。

step4

step3をくりかえし、シンデレラと王子様の仲をはばもうとする姉たちを、できるかぎりとりさる。とれるカードがなくなったところで終了。
♥Kと♥Qのあいだにのこったカードの枚数で、運命の人となる王子様やシンデレラとの出会いの可能性や、その時期がわかる。

占いの結果

出会いのチャンスと時期がわかる

カードが0枚

あなたのまわりを、注意深くチェックしてみましょう。気がつかないだけで、あなたの近くに運命の人はいるはずです。これから1か月以内に、なにかのきっかけがおこりそうです。めったにない最高のチャンスなので、しっかりとつかみとりましょう。

カードが2枚

おたがいにすぐ近くにいるのに、だれかがふたりの仲をねたんで、じゃまをしている気配があります。友だちや年上の人のなかから、強い味方になってくれそうな人をさがせば、3か月以内に、運命の人にめぐりあうことができるでしょう。

カードが4枚

じゃまをしている人間のパワーが強くて、出会うのがなかなか困難な状況です。このままでは、今後6か月以内に、運命の人と出会うのはむずかしいでしょう。

これまであまり話をしたことがないクラスメートや同級生に接近してみれば、いいきっかけがつかめるかもしれません。

カードが8～10枚

いまのままのあなたであれば、運命の人があらわれても、まず、気にいってはもらえないでしょう。自分のペースでものごとを進めすぎてはいけません。

もし「この人かな？」と思える人がいたら、その人にあわせる努力が必要でしょう。

カードが6枚

自信のない行動をとっているようでは、恋のチャンスをのがしてしまいます。もう少し積極的に動きまわって、自分をアピールしたり、いろいろな友だちとの会話を楽しんだりしましょう。

そうしないと、運命の人の目にとまることはむずかしそうです。

カードが12～14枚

いまは最悪の状態です。強力なじゃま者が、あなたと運命の人との仲をはばんでいるらしく、ふたりが出会うチャンスはほとんどないようです。

しばらくは、おとなしくしているしかないでしょう。

恋のストーリー占い

あなたの未来の恋がわかる

　未来の恋の相手がどんな人なのか、だれでも気になるものです。「こんな人がいいな」などと、頭のなかで、さまざまな恋人像をふくらませることもあるのではないでしょうか。

　この「恋のストーリー占い」は、近い未来の恋愛運を判断するものです。あなたの一生の恋愛運を判断するものではないので、季節ごとに占ってみたりするとよいでしょう。

つかうカード
♥A……♥K　♦A……♦K
♠A……♠K　♣A……♣K
ジョーカーをのぞいた52枚

未来の恋人像を知りたいなら、「占いの結果1」をみよう！

「占いの結果2」では、出会いのチャンス日がわかるわ！

占いかた

step 1 カードをよくシャッフルし、カードの山の上半分くらいのところをとりのぞき、のこった山をつかって占う。

step 2 下の図のように、のこった山の上から4枚のカードを①〜④の順番に、ウラにして配置する。

step 3 ①と②のカードをめくり、その組みあわせから、未来の恋人像と恋のようすを占う。⇨「占いの結果1」へ

step 4 ③と④のカードをめくり、その数字の合計から、出会いのチャンス日を占う。⇨「占いの結果2」へ

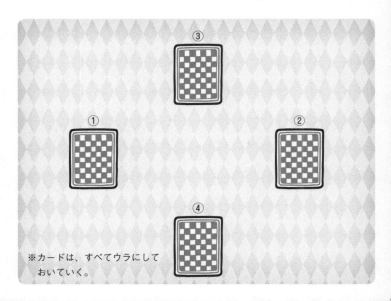

※カードは、すべてウラにしておいていく。

占いの結果 1

あなたの未来の恋人像と、恋のようすがわかる

配置したカードを調べると、いよいよ、あなたの未来の恋人像がみえてきます。また、その人との恋愛がどのようになるのか、カードが教えてくれるはずです。

①と②のカードのマークの組みあわせによって、結果を占います。

①が♥　②が♥

いつも思いえがいていた、理想的な相手とめぐりあえそうです。出会ったら、その瞬間に、「あっ、この人だ！」とわかるはずです。ひとめぼれから、情熱的な恋がはじまるでしょう。

①が♥　②が♠

ドラマチックな出会いが、あなたをまっています。いくつもの障害をのりこえて、自分たちの愛をつらぬきとおしていくという、まるでドラマか映画のような恋愛がはじまりそうです。

①が♥　②が♦

あなたに贈り物をしてくれる人が運命的な相手となるでしょう。おかえしをしたり、自宅にまねいて家族に紹介したりするのがよいでしょう。いっきに恋心がもえあがりそうです。

①が♥　②が♣

異性ならではの魅力をもった人に出会います。ちょっと理屈っぽいところが相手の難点ですが、しっかりと話に耳をかたむければ、あなたの恋は本物になるでしょう。

第1章　恋のトランプ占い

第2章　友情のトランプ占い

第3章　だいじなときのトランプ占い

①が♠ ②が♥

ほがらかで、純真な心をもった人が、あなたに好意をよせていそうです。ただし、ライバルがあらわれたり、おたがいの気もちがさめてしまったりと、もめごとが多い恋になるかもしれません。

①が♠ ②が♠

年下の人を好きになってしまいそうです。

ただし、ふたりの関係は問題ないのに、じゃま者がまちかまえているかもしれません。おたがいに力をあわせて、たちむかっていきましょう。

①が♠ ②が♦

お金のつかいかたがいいかげんで、ぜいたくが大好きな人と恋におちるでしょう。

物やお金の貸し借りがもとで、けんかになることもありそうなので、じゅうぶん注意しましょう。

①が♠ ②が♣

年上の人を好きになりますが、恋人なのか友だちなのか、自分でもよくわからない関係になるでしょう。

どちらともいえないまま、おわりをつげることになるかもしれません。

①が◆　②が♥

ほがらかで、勉強がよくできる人からアタックされそうです。いつも、陽気でやさしい笑顔を心がけていれば、恋のキューピッドが、すばらしい恋物語をはこんでくれるでしょう。

①が◆　②が♠

繊細な感じのする、芸術家タイプの人から告白されるかもしれません。

ただし、相手はあまえんぼうな人なので、すべてをうけいれるのではなく、少しは自分の意見もつたえましょう。

①が◆　②が◆

以前は気にもとめていなかったのに、最近、気になる幼なじみはいませんか？　そんな人と、ふとしたことから急接近しそうです。メールや手紙のやりとりで恋がはじまるかもしれません。

①が◆　②が♣

クラスでいちばん人気のあの人が、あなたの恋の相手になりそうです。ただし、やきもちをやいたり、ひとりじめしようと思ったりしてはいけません。あせらずゆっくりと、友だちからはじめましょう。

①が♣　②が♥

想像（そうぞう）もしていなかった人から告白（こくはく）されるかもしれません。でも、そんなときは、あわてたりしないで、なごやかに会話を楽しみましょう。会話のなかから、ゆっくりと恋（こい）がはじまりそうです。

①が♣　②が♦

友だちの誕生（たんじょう）パーティーなどでの出会いに期待しましょう。やさしい目をした人があなたに声をかけてくれるはずです。相手の話に耳をかたむければ、自然（しぜん）に恋（こい）が生まれそうです。

①が♣　②が♣

おなじクラブの人から、恋（こい）をうちあけられそうです。
ふたりには共通の友だちが多いので、グループ交際（こうさい）が自然（ぜん）でしょう。友だちをまじえた、明るい雰囲気（ふんいき）の恋愛（れんあい）になりそうです。

①が♣　②が♠

ことば数が少なく、ちょっとおとなしい感じの人を好（す）きになりそうです。
はじめは、なかなか気がついてもらえませんが、その人の親友を味方につければ、うまくいくでしょう。

占いの結果 2

出会いのチャンス日がわかる

つぎは、ステキな恋のチャンスがおとずれる日を占ってみましょう。③と④の2枚のカードの数字を「合計した数」と「その2倍の数」が、あなたの出会いのチャンス日になります。

ただし、すでにその月のチャンス日がすぎている場合は、翌月のおなじ日がチャンス日となります。また、2倍の数が、その月の日数より大きい場合は、2倍の数から、その月の日数（5月なら31）をひいた数がチャンス日となります。

上の場合、③と④の数字をたすと10なので、右の矢印のところをみる。占ったのが12月なら、「31日の月」の「10日」と「20日」がチャンス日。

	2月		4·6·9·11月		1·3·5·7·8·10·12月	
③+④	28日の月		29日の月		30日の月		31日の月	
2	2	4	2	4	2	4	2	4
3	3	6	3	6	3	6	3	6
4	4	8	4	8	4	8	4	8
5	5	10	5	10	5	10	5	10
6	6	12	6	12	6	12	6	12
7	7	14	7	14	7	14	7	14
8	8	16	8	16	8	16	8	16
9	9	18	9	18	9	18	9	18
10	10	20	10	20	10	20	10	20
11	11	22	11	22	11	22	11	22
12	12	24	12	24	12	24	12	24
13	13	26	13	26	13	26	13	26
14	14	28	14	28	14	28	14	28
15	15	2	15	1	15	30	15	30
16	16	4	16	3	16	2	16	1
17	17	6	17	5	17	4	17	3
18	18	8	18	7	18	6	18	5
19	19	10	19	9	19	8	19	7
20	20	12	20	11	20	10	20	9
21	21	14	21	13	21	12	21	11
22	22	16	22	15	22	14	22	13
23	23	18	23	17	23	16	23	15
24	24	20	24	19	24	18	24	17
25	25	22	25	21	25	20	25	19
26	26	24	26	23	26	22	26	21

ステキな出会いをみちびくおまじない

「恋はしたいけど、ふさわしい相手がいないの……」という人は、このおまじないをしてみてはいかがでしょうか。ステキな出会いに期待しましょう。

おまじないのやりかた

①道化師がえがかれたジョーカーと、海をつかさどる神様、ポセイドンがえがかれたジョーカーを用意する。

②2枚のジョーカーをむかいあわせに、たて・よこにしてかさねあわせる。2本の赤い輪ゴムで×になるようにとめる。

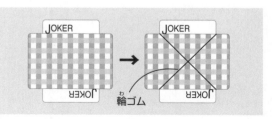

③それをお守りにしてもちあるくと、外出先でステキな人と出会えるはず。

モテモテになれるおまじない

これは異性からモテモテになるおまじないです。このおまじないをはじめると、あなたの魅力がどんどん高まっていくはずです。

おまじないのやりかた

①♥9のカードにえがかれた中央のハートに、自分の名前のイニシャルを書く。

このハート

②そのカードを、オモテがみえるようにして、鏡のウラにテープでとめる。

鏡　テープ

③毎朝、その鏡に顔をうつして髪をといたり、おめかししたりすると、あなたの魅力が高まって、まわりの異性から大モテになるはず。

ふたりのハート占い

あの人はあなたをどう思ってる？

相手があなたのことをどう思っているのか、ふたりの相性はどうなのか……。

人を好きになると、その人の心にあなたがどのようにうつっているのか、とても気になるものです。また、片思いの相手がいたりすると、その人との相性を調べたくなることもあります。そんなときの強い味方が「ふたりのハート占い」です。

> **つかうカード**
> ♥♠♦♣のそれぞれ J、Q、K、Aの合計16枚

占いかた

step 1 16枚のカードのなかから、♥A(相手をあらわすカード)をぬきだして、中央(右ページ、上の図の①の位置)に、オモテにしておく。

step 2 のこった15枚のカードを心をこめてシャッフルする。このとき、好きな人のことを頭のなかで思いうかべる。

step 3 図の②〜⑮の位置に、カードを1枚ずつオモテにして、順番においていく。のこりの16枚めのカードは、オモテにして手元におく。

※ハートの形になるように、カードを順番においていく。

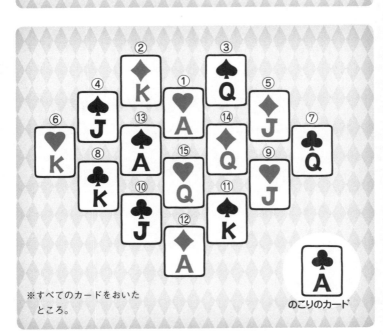

※すべてのカードをおいたところ。

のこりのカード

step4 相手のカード（♥A）に対して、自分のカード（男性の場合は♥J、女性の場合は♥Q）がどの位置にあるかによって、相手の気もちと相性を占う。

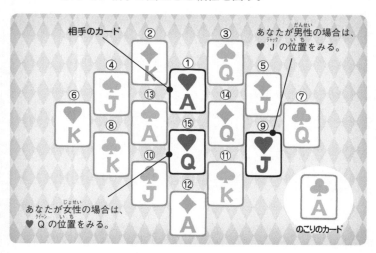

占いの結果　ふたりの相性がわかる

⑮の位置

ふたりの相性は100％です。相手は、あなたのことをだれよりもだいじな人だと思っています。おたがいに、いまの気もちをわすれないようにすれば、ふたりの恋は長つづきします。

⑬⑭の位置

ふたりの相性は85％です。相手は、あなたのとりこになりかけているところです。いまの調子で接近し、あなたのペースにひきこんでいけば、相手の恋心は完全にあなたのものになるでしょう。

②③の位置

　ふたりの相性は75％です。相手にとって、あなたは、気になる存在ではありますが、まだ友だち以上、恋人未満という程度の存在です。もう少し積極的にアプローチするとよいでしょう。

⑥⑦の位置

　ふたりの相性は30％です。相手にとってあなたは、たんなる知りあいといった存在です。このまま思いつづけ、ふりむいてもらえるように努力するか、あきらめるかは、あなたしだいです。

④⑤⑧⑨の位置

　ふたりの相性は60％です。相手は、まだ、あなたのことを仲のよい友だちくらいにしか考えていません。あなたのよい面をみせるようにすれば、恋に発展する可能性はあるでしょう。

のこりのカードだったら

　ふたりの相性は15％以下です。残念なことに、相手はいま、あなたのことは眼中になさそうです。長い時間をかけて、少しずつゆっくりと、あなたの存在をアピールしていきましょう。

⑩⑪⑫の位置

　ふたりの相性は45％です。相手は、あなたのことをごくふつうの友だちとしてしかみていないでしょう。相手の気もちを恋にまで発展させるには、相当の努力が必要になりそうです。

恋人熱愛度占い

好きな人との熱愛レベルを占おう！

　この「恋人熱愛度占い」では、恋人や好きな人との熱愛度を占うことができます。ふたりがいま、どんな関係にあるのか、どっちがどれだけ相手のことを思っているのかがわかります。ふたりの関係がうまくいっていないようなときは、あとにしめした「占いの結果」のアドバイスが役立つかもしれません。

　また、恋愛だけでなく、友だちや親や先生などとの仲を占うこともできます。

つかうカード
ジョーカーをのぞいた52枚

占いかた

step1 カードをよくシャッフルする。

step2 自分と占いたい相手のふたりの名前の文字数をかぞえ、その数だけ、2枚のペアにして、カードをめくっていく。

2枚ずつペアにしてめくる。あなたの名前が「やまざきはるこ」と7文字だったら、2枚ずつ7組、あわせて14枚のカードをめくる。そのあと、相手の名前の文字数ぶんのカードもめくる。

カードの山

step3 めくった2枚のペアを「赤と黒のペア」「赤と赤のペア」「黒と黒のペア」の3つのグループにわける。

カードの山

赤いカード…♥と♦
黒いカード…♠と♣

step4 ふたりの名前の文字数ぶんのペアをわけおえたら、それぞれのグループの枚数をかぞえる。

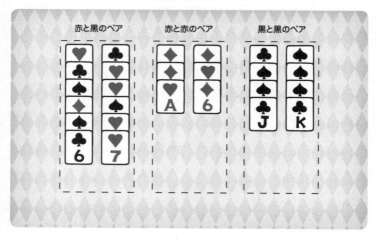

占いの結果

あなたと相手の熱愛度がわかる

　3グループにわけたペアの数に注目します。赤（♥か◆）が女性、黒（♠か♣）が男性です。赤と黒のペアは、熱愛度、両思い度のレベルをしめしています。このペアの数が多いほど、ふたりの仲がよく、おたがいを思いあい、気づかっている関係をしめしています。

　恋愛の占いでなく、自分と友だちの関係や、自分と親の関係、自分と先生の関係などを占った場合は、自分が黒で相手が赤になります。

恋愛の場合

すべて赤と黒のペア
（すべてが同数の場合も）

100％、両思いです。ふたりの相性はぴったりでしょう。おたがいを思いあっている関係です。ふたりの愛は、障害が大きければ大きいほどもえあがるでしょう。でも、油断は禁物です。わがままをいいすぎないように気をつけてください。また、場所をわきまえずに、ふたりでベタベタしすぎるのもいけません。

赤と黒のペアが多い

このペアの数が多ければ多いほど、ふたりの熱愛度は高いといえます。相性はわるくないので、おたがいに努力しあえば、熱愛度はどんどん高まります。とくに、けんかをしてしまったあとなどは、おたがい気づかいあうようにしましょう。でも、長い目でみると、思ったことをきちんと口にだしてみるのも、わるいことではありません。

赤と黒のペアが少ない

このペアの数が少なければ少ないほど、ふたりはさめた関係といえます。相手の話をよく聞いて理解しあう努力が必要です。おたがいに気づかい、ゆずりあうようにしてください。また、共通の趣味をもち、積極的にあう回数をふやすのもいいでしょう。ふだんはそっけないようにみえても、いざとなったらたすけてくれるかもしれません。

赤と赤のペアが多い

赤と赤のペアが黒と黒のペアよりも多いときは、女性の熱愛度のほうが男性より高いことをしめしています。女性が男性のことを思っているほど、男性は女性のことを思っていません。ペアの数の差が多ければ多いほど、ふたりの温度差ははげしく、ちぐはぐな関係です。女性は、自分のことを理解してもらうための努力がもっと必要でしょう。

黒と黒のペアが多い

黒と黒のペアが赤と赤のペアよりも多いときは、男性の熱愛度のほうが女性より高いことをしめしています。男性が女性のことを思っているほど、女性は男性のことを思っていません。ペアの数の差が多ければ多いほど、ふたりの温度差ははげしく、ちぐはぐな関係です。男性は、自分のことを理解してもらうための努力がもっと必要でしょう。

相手が友だちや親や先生などの場合

すべて赤と黒のペア
（すべてが同数の場合も）

ふたりの相性はぴったりです。なんでもいいあえるあいだがらで、おたがいを思いあっている関係です。それほどあえなくても、心は通じあっています。相手には、自分のいろいろな面をみせて、より関係を深めていくといいでしょう。でも、ふざけすぎたり、わがままをいいすぎたりするのは要注意です。

赤と黒のペアが多い

このペアの数が多ければ多いほど、ふたりの関係は深いといえます。相性はわるくないので、おたがいに努力しあえば、関係はどんどん深まります。とくに、けんかをしてしまったあとなどは、おたがいに気づかいあうことが必要でしょう。でも、長い目でみると、思ったことをきちんと口にだしてみるのも、わるいことではありません。

赤と黒のペアが少ない

このペアの数が少なければ少ないほど、ふたりの関係が浅いことをしめしています。相手の話をよく聞いて理解しあうことが必要で、おたがいに気づかい、ゆずりあうようにしてください。また、相手のいいところや尊敬できると思えるところは、積極的につたえるようにしましょう。共通の趣味をもつと、いいこともあります。

赤と赤のペアが多い

赤と赤のペアが黒と黒のペアよりも多いときは、相手があなたのことを思っているほど、あなたは相手のことを思っていないことをあらわしています。ペアの数の差が多ければ多いほど、ふたりの温度差ははげしく、ちぐはぐな関係です。相手の態度や行動をせめすぎたり、わるくいったりしないで、いいところをきちんとみとめましょう。

黒と黒のペアが多い

黒と黒のペアが赤と赤のペアよりも多いときは、あなたが相手のことを思っているほど、相手はあなたのことを思っていないことをあらわしています。ペアの数の差が多ければ多いほど、ふたりの温度差ははげしく、ちぐはぐな関係です。あなたは時間をかけて、相手に自分のことを理解してもらえるように努力する必要があるでしょう。

第1章 恋のトランプ占い

第2章 友情のトランプ占い

第3章 だいじなときのトランプ占い

ふたりの恋のゆくえ占い

あなたと恋人の本当の心がわかる

もしも、いま、あなたに恋人がいたら、これからの未来がどうなるのか、とても気になるところでしょう。とくに、ふたりの仲がよければよいほど、幸せがいつまでつづくのかと心配になるものです。

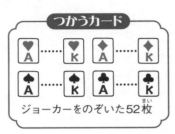

つかうカード

ジョーカーをのぞいた52枚

この占いは、「あなたの本当の心」と「恋人の本当の心」、そして「ふたりの恋のゆくえ」という3つの真実を、あなたに教えてくれます。

占いかた

step1 52枚のカードを、新しいハンカチでつつむ。それを月の光に1時間ほどあてて、カードに月の力をこめる。

step2

カードをよくシャッフルして、山の上から6枚とり、7枚めのカードを、図の①の位置に、ウラにしておく。

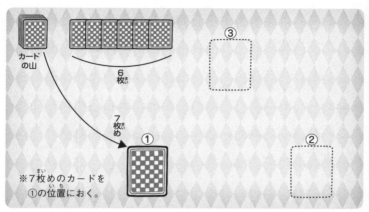

※7枚めのカードを①の位置におく。

step3

つづけてかぞえていき、つぎの7枚め（あわせて14枚め）のカードを②の位置におき、さらに、つぎの7枚め（あわせて21枚め）のカードを③の位置におく。

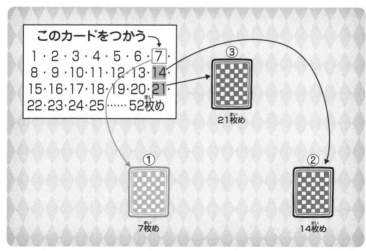

このカードをつかう
1・2・3・4・5・6・7・
8・9・10・11・12・13・14・
15・16・17・18・19・20・21・
22・23・24・25……52枚め

占いの結果 1

あなたの本当の心がわかる

あなたがおいた3枚のカードには、それぞれ意味があります。

まずはじめに、ふだんは表面にあらわれてこない、あなたの本音、つまり、本当の心の部分をさぐってみましょう。

①のカードをめくり、右ページで、マークごとの占いの結果をみてみましょう。

この場合は、♥の占いの結果をみる。カードの数字が気もちの強さをあらわす。Aがもっとも強く、あとは数字が大きいほど強い。

③

①

♥
7

あなたの本当の心

②

①のカードが♥

恋人(こいびと)に対するあなたの気もちは本物です。どんな困難(こんなん)があっても、すべてをぎせいにしても、相手とつきあっていこうという強い意志(いし)が心のなかにあります。自信(じしん)をもって思いつづけましょう。

①のカードが♣

恋人(こいびと)とふたりでいるときは楽しいのですが、どこかで不満(ふまん)を感じていて、はっきりしない関係(かんけい)がつづきそうな気配です。ふたりのあいだにあるのが愛情(あいじょう)なのか友情(ゆうじょう)なのか、しっかりとみきわめる必要(ひつよう)があるでしょう。

①のカードが♠

恋人(こいびと)を強く思っていますが、その情熱(じょうねつ)は少し度をこしているかもしれません。あなたの愛情(あいじょう)は、まわりからみると、いきすぎのように感じられます。このままでは、相手が去ってしまうかもしれません。

①のカードが♦

恋人(こいびと)のことを好(す)きなのはたしかですが、うわべだけかもしれません。みえや意地でのつきあいは、長つづきさせるのが困難(こんなん)でしょう。どんな状況(じょうきょう)でもがんばっていけるか、自分に問いかけてみましょう。

占いの結果 2
恋人の本当の心がわかる

　恋人となかよくつきあっていても、あなたに対して、相手が本心をあかしてくれているとはかぎりません。今度は、ふだん、あなたには知ることのできない、恋人の心の内側の部分を占ってみましょう。

　②のカードをめくり、右ページで、マークごとの占いの結果をみてみましょう。

この場合は、◆の占いの結果をみる。カードの数字が気もちの強さをあらわす。Aがもっとも強く、あとは数字が大きいほど強い。

あなたの本当の心

恋人の本当の心

②のカードが♥

恋人のあなたに対する愛情は、まぎれもなく本物です。相手は、いつもあなたのことばかり考えているでしょう。相手の態度をつめたいと感じたとしても、心配する必要はありません。

②のカードが♣

恋人はあなたをたいせつにしてくれていますが、心のなかでは、まったく別のことを考えているかもしれません。相手がどんなことを考えているのか、友だちの意見を聞いてみるといいでしょう。

②のカードが♠

あなたに対する態度がはっきりしないのは、恋人の心のなかにまよいがあるからです。まずは、あなた自身が気もちをつたえるべきでしょう。いまをのがすと、あとで後悔することになりそうです。

②のカードが◆

恋人は、あなたのことを真剣に思っているはずです。でも、相手は、愛情をことばで表現することがじょうずではありません。ことばにあらわれてこない部分を、できるだけ感じとるようにしましょう。

占いの結果 3
あなたと恋人の恋のゆくえがわかる

これまでのふたつの占いの結果がよくなくても、これからの努力しだいで、未来はかえることができます。

最後は、ふたりのこれからの恋のゆくえをみていきましょう。③のカードをめくり、マークごとの占いの結果をみてみましょう。

③のカードが♥

お似合いのカップルになれそうな気配があります。近いうちに、ふたりの恋を、さらにもえあがらせるようなできごとがおこりそうです。

ただし、恋にはかけひきが必要なときもあります。とくに、①のカードが♠で②が♥の場合、ふたりの情熱を長つづきさせるためにも、たまにはデートをことわるほうがいいでしょう。また、①が♣で②も♣の場合、あなたからの連絡を多めにしましょう。

③のカードが♠

ふたりの恋の結末が、よくない方向にむかっているようです。ふたりのなかに誤解がないかどうか、たしかめてみる必要があるでしょう。

①のカードが♥で②が♠の場合、しっかりとむきあって、話しあうことがたいせつです。①が♣で②が◆の場合、ふたりだけの時間をふやし、ふれあいの機会をつくりましょう。①が♠で②も♠の場合、ふたりの関係を考えなおすほうがいいかもしれません。

③のカードが♣

どっちつかずの状態が、このままつづきそうです。恋人との関係をもっと発展させようと思うのなら、あなたのほうから積極的にアプローチしていく必要があります。いまのままでは、恋に進展はないでしょう。

①のカードが♥で②も♥の場合、交換日記をすることと、雨の日のデートをわすれずに実行しましょう。①が♠で②が♦の場合、相手の家にあそびにいき、さりげなく、あなたの別の面をみせるようにするといいでしょう。

③のカードが♦

ふたりの心が通じあっているときは、どんな問題がおきても、恋がこわれることはありません。しかし、どこかに誤解があったりすると、それまでつみあげてきた関係がくずれてしまうこともあるでしょう。

①のカードが♥で②が♦の場合、手づくりのプレゼントを相手にあげるのがキーポイントとなるでしょう。①が♠で②も♠の場合、あなたが相手の家をたずねてみたりすると、幸運がやってくるかもしれません。

両思いになれるおまじない 1

片思いでなやんでいるあなたに、うれしいおまじないを紹介します。これさえもっていれば、近いうちに、両思いになれるはずです。

おまじないのやりかた

♥4のカードをオモテにし、上下むかいあわせの♥の先端を、左側は赤い線で、右側は青い線でむすぶ。つぎに、中央の空白の部分に、緑のペンで、片思いの相手の名前を書きこむ。そのカードを、いつも服の左のポケットにいれておく。

両思いになれるおまじない 2

もうひとつ、好きな人と両思いになれるおまじないを紹介しましょう。このおまじないをすれば、片思いのあの人が、あなたのことをしだいに意識しはじめるはずです。

おまじないのやりかた

① ♥10のカードのまんなかにえがかれた、むかいあわせになったふたつのハートの上に、ひとつは相手のイニシャルを、もうひとつにはあなたのイニシャルを書く。

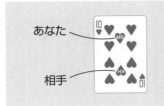

- あなた
- 相手

② そのカードとジョーカーのカードをむかいあわせにかさねて、カードの4すみをホチキスでとめる。

とめる

③ それをパスケースなどにいれてもっていると、相手があなたのことを意識しはじめて、両思いになれるはず。

トランプ星座占い

あなたが好きになる人の星座は？

ふつうの星座占いでは、あなたの星座と好きな人の星座から、ふたりの相性などを占うことがあります。この「トランプ星座占い」でも、あなたと運命的な恋におちる相手の星座を占うこ

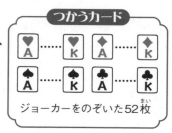

とができます。もしも、いま、あなたに恋人がいなくても、将来、恋人になる人がどんな人か、気になるものです。あなたの未来の恋の相手は、どの星座の人で、どういった性格の持ち主なのか、占ってみましょう。

占いかた

step1

52枚のカードのなかから、各マークのJ、Q、K（合計12枚）をとりだし、よくシャッフルする。

step2
シャッフルした12枚のカードを、下の図のように、①〜⑫の順番に、ウラにして配置する。

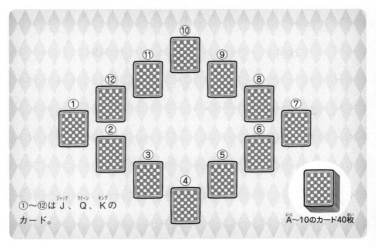

①〜⑫はJ、Q、Kのカード。

A〜10のカード40枚

step3
のこりの40枚のカードを、オモテにして、①〜⑫のカードの上に、順番においていく。

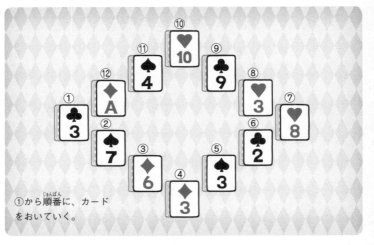

①から順番に、カードをおいていく。

step 4
♥Aがでてくるまで、くりかえし、順番どおりにおいていく。♥Aがでてきたらストップ。

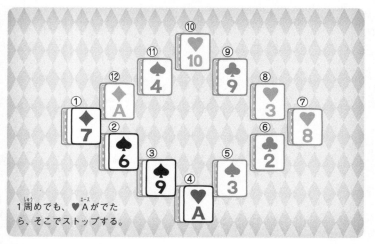

1周めでも、♥Aがでたら、そこでストップする。

step 5
♥Aがでた位置の、いちばん下にあるウラのカードをめくる。それがあなたの未来の恋人の星座をあらわす。

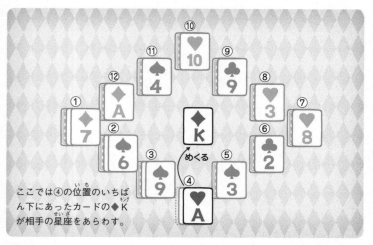

ここでは④の位置のいちばん下にあったカードの◆Kが相手の星座をあらわす。

占いの結果

あなたの未来の恋人の星座と、その人の性格がわかる

♥Aの下にあったカードがどんな星座をあらわしているのか、右の表のなかからさがしてみましょう。各星座ごとの相手が、どんな性格の持ち主なのかは、つぎのページで解説しています。

種類＼マーク	ジャック J	クイーン Q	キング K
ハート ♥	おひつじ座 3/21～4/19生まれ	しし座 7/23～8/23生まれ	いて座 11/23～12/21生まれ
ダイヤ ♦	おうし座 4/20～5/20生まれ	おとめ座 8/24～9/22生まれ	やぎ座 12/22～1/19生まれ
クラブ ♣	ふたご座 5/21～6/21生まれ	てんびん座 9/23～10/23生まれ	みずがめ座 1/20～2/18生まれ
スペード ♠	かに座 6/22～7/22生まれ	さそり座 10/24～11/22生まれ	うお座 2/19～3/20生まれ

第1章 恋のトランプ占い
第2章 友情のトランプ占い
第3章 だいじなときのトランプ占い

♈ おひつじ座

相手は、恋に積極的なタイプ。持ち前の行動力と情熱で、愛をつらぬきとおします。相手の純粋な愛情を重く感じることがあったとしても、広い心で、やさしくうけとめるように心がけましょう。

♋ かに座

相手は、純粋な性格で、好きな人のことをずっと考えるタイプ。ただし、きずつくことがこわいので、積極的な行動にでるのは苦手です。心が通じあうようになれば、深く愛してくれるはずです。

♉ おうし座

相手は、恋に対して慎重なタイプ。あなたのことが大好きでも、なかなかアタックをしてくれません。あせらず、相手があなたへの愛情を育ててくれるまで、じっくりとまつことが必要でしょう。

♌ しし座

相手は、なにごとにも陽気で明るいタイプ。しかし、自尊心が強いため、あなたがはっきりと好意をしめさなければ告白してくることはないでしょう。しっかりむきあっていれば、恋は長つづきします。

♊ ふたご座

相手は、つねに冷静で、恋をひとつのゲームのように考えるタイプ。ただし、心のなかでは、情熱的な恋をのぞんでいます。あなたの魅力を少しずつだしていけば、愛情は長つづきするはずです。

♍ おとめ座

相手は、恋に対して、大きな夢と理想をもつタイプ。恋人を自分の理想像とかさねあわせてしまうため、あなたに批判的になってしまうかもしれません。長くつきあうには、多少のがまんも必要です。

♎ てんびん座

相手は、美意識が強く、恋に夢中になれないタイプ。自分をよくみせようとするので、好きな人に対して、すなおになれないところもあります。あなたからあゆみよっていくとよいでしょう。

♑ やぎ座

相手は、恋愛について、かなり奥手なタイプ。じっくりと信頼関係をきずく人なので、先をいそがずに交際していけば、着実に愛情が深まります。相手を好きになると、安定した愛情がもてる人です。

♏ さそり座

相手は、恋愛に対して慎重なロマンチストタイプ。長い時間をかけて、恋を育てる人なので、あせらずにまつことが必要です。恋に確信がもてるようになると、あなたを情熱的に愛してくれるはずです。

♒ みずがめ座

相手は、恋愛にも合理的な考えをもつタイプ。自由をだいじにするので、束縛するのも、束縛されるのも好きではありません。異性の友だちも多いので、やきもちをやかないようにしましょう。

♐ いて座

相手は、愛情をストレートに表現するタイプ。自分のつごうで相手をふりまわすところもあります。恋愛が順調すぎると、情熱がうすれてしまうので、あなたがリードするほうがよいかもしれません。

♓ うお座

相手は、見返りをもとめることなく、好きな人に身も心もささげるタイプ。ほれっぽいところもあります。自分から積極的にアプローチするのが苦手なので、あなたから告白すると、うまくいきます。

恋のイニシャル占い

だれかがあなたに恋してる!?

　だれかに思いをよせられていても、まったく気がつかないなど、人の恋心に鈍感な人がいます。あなたも、そんなタイプではありませんか？　もしかしたら、いま、あなたのことを大好きな人が、すぐ近くにいるかもしれません。

つかうカード

男性＝すべての♥と♦26枚
女性＝すべての♠と♣26枚

　だれがあなたに恋をしているのか、しっかりチェックしておきましょう。それは、あなたの大好きなあの人かもしれませんよ。

占いかた

心のなかで、自分のまわりの異性を想像しながら、26枚（男性は♥と♦、女性は♠と♣をつかう）のカードをよくシャッフルする。つぎに、カードの山のなかから、1枚だけをえらびだす。

占いの結果

あなたを好きな人のイニシャルがわかる

下のイニシャル表で、えらんだカードの、マークと数字が交差するところをみつけます。そこにあるのが、あなたのことを好きな人のイニシャル（名前などのアルファベットの最初の1文字）です。ただし、このイニシャルは名字かもしれませんし、名前かもしれません。ニックネームや、インターネット上でつかうハンドルネームということもあります。

イニシャル表

数字＼マーク	A（エース）	2	3	4	5	6	7	8	9	10	J（ジャック）	Q（クイーン）	K（キング）
男性がみる ♥（ハート）	A	B	C	D	E	F	G	H	I	J	K	L	M
男性がみる ♦（ダイヤ）	N	O	P	Q	R	S	T	U	V	W	X	Y	Z
女性がみる ♠（スペード）	A	B	C	D	E	F	G	H	I	J	K	L	M
女性がみる ♣（クラブ）	N	O	P	Q	R	S	T	U	V	W	X	Y	Z

ふたりの仲を発展させるおまじない

恋人ができたばかりのときにぴったりのおまじないです。ふたりの仲を、きっと応援してくれるでしょう。

おまじないのやりかた

① トランプの♥のカードをすべてぬきだす。

② A〜Qまでのカードを、右のように時計の文字盤のようにならべていく。

③ 中央にKのカードをおき、つぎの呪文をとなえる。

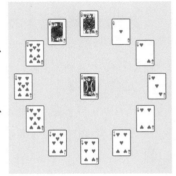

「まわれ、まわれ、時計よまわれ。ながれよ、ながれよ、時間よながれよ。ふたりの恋が大きく育ち、ふたりの愛が花ひらくまで」

④ ♥Aを指さして「ステップ！」、♥2を指さして「ステップ！」というように、大きな声で「ステップ！」ととなえながら、A〜Kのカードを1枚ずつ指さしていく。

⑤ Kのカードをお守りにしてもっていると、ふたりの仲がどんどん発展していくはず。

第2章

友情のトランプ占い

友だちのことや人間関係がわかる！

友だち相性占い

クラスメートの性格がよくわかる

学年がかわって、クラス替えがあったとき、新しいクラスにはどんな人がいるのか、ちょっぴり不安になることがあります。また、いまのクラスのなかにも、まだ性格のよくわからない人がいたりすることもあります。そんなときに、あなたをたすけてくれるのが、この「友だち相性占い」です。

クラスメートたちの性格をしっかりチェックして、楽しい学校生活をおくりましょう。

つかうカード

ジョーカーをふくむ53枚

占いかた

step 1 カードをよくシャッフルする。自分をふくめたクラスの人数ぶんのカードを上からかぞえ、占いにつかう。あまったカードはよけておく。

step 2 テーブルなどの上にカードをおき、教室の席順を再現して占う。自分の席の位置に、いちばん上のカードを1枚オモテにしておく。つぎに、教室前方の左角（①）から、時計まわりに、ウラにして1枚ずつおいていく。

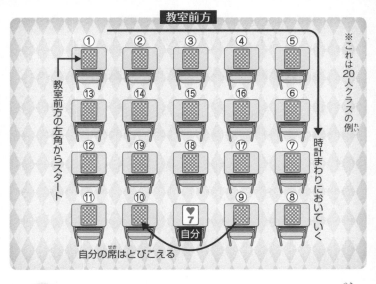

step3 カードをぜんぶおいたら、気になっている友だちの席のカードをめくる。好きな友だち、なかなおりしたい友だちなど、クラスのだれでも占える。

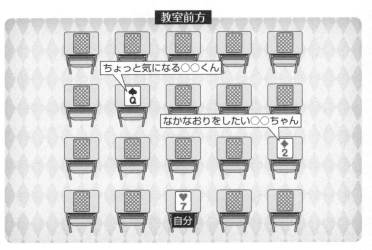

占いの結果

クラスメートの性格が、マークと数字でわかる

マークのもつ意味はA（エース）がもっとも強く、あとは数字が大きいほど強くなります。

♥のクラスメート

あなたが、もっとも心をゆるせる人です。悲しんでいるときになぐさめてくれたり、気もちをいやしてくれたりするタイプです。なやみごとなどを相談しても、親身になってこたえてくれるでしょう。

ただし、あまえすぎないように注意しましょう。その人が異性であれば、恋におちる可能性もありそうです。

♠のクラスメート

あなたのことを、人間的に成長させてくれる人です。きついことや、いやみなことをいったり、ものごとをずばっといいきったりするタイプだといえます。そのため、ときどき反発を感じてしまうこともあるでしょう。

しかし、ためになることをいってくれたのだと思って、すなおに耳をかたむけるようにしましょう。あとになって、「よかった！」と思えることがたくさんあるはずです。

◆のクラスメート

あなたに幸運をはこんでくれる人です。おたがいのもっている運があわさって、幸運をよびこむことになるでしょう。いっしょに行動するだけで、どこからともなく幸運がまいこんできて、よいことがおこるかもしれません。

ただし、うまくいくからといって、わるいことを考えたり、調子にのりすぎてしまったりすると、運がマイナスの方向にはたらくこともあるので気をつけましょう。

♣のクラスメート

あなたに勇気と元気をあたえてくれる人です。いっしょにいるだけで、おたがいに自然とやる気がわいてくる相手です。ふたりで協力しあってものごとにあたれば、いろんなことができるようになるでしょう。

ただし、おたがいになまけたり、けんかをしたりすると、ふたりの力が発揮されなくなってしまうので、注意が必要です。おたがいをみとめあえるようになれば、将来にわたって、とても仲のいい友だちになるでしょう。

ジョーカーのクラスメート

あなたにさまざまな問題をもたらす人です。いっしょになにかをやっても、うまくいくことが少なかったり、あなたをトラブルにまきこんだりしそうなタイプでしょう。

ただし、自分にとってマイナスだからと、きらったりしていると、大きな損をしてしまうこともあるでしょう。注意深くつきあっているうちに、相手のよさがわかり、相手から学ぶこともでてくるはずです。得意なタイプではなくても、つきあってみる価値はありそうです。

幸運パートナー占い

今日のラッキーパートナーは？

ある品物をもっていると幸運がおとずれる「ラッキーアイテム」や、ある方角へむかうと幸運がめぐってくる「ラッキー方位」があるように、「ラッキーパートナー」というものがあります。

この占いでは、その日、いっしょにいると、あなたに幸運をもたらしてくれる相手がわかります。その人は、親やきょうだいかもしれませんし、クラスメートかもしれません。

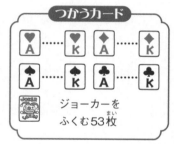

つかうカード

ジョーカーをふくむ53枚

占いかた

step 1 ジョーカーをぬいた52枚のカードをよくシャッフルしたあと、ウラにしたカードの山の好きなところに、ジョーカーをウラにしてさしこむ。

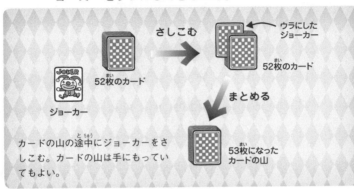

カードの山の途中にジョーカーをさしこむ。カードの山は手にもっていてもよい。

step 2 カードの山の上から、2枚ずつめくって、オモテにしていく。

2枚ずつのペアで、つぎつぎにめくっていく。

step3 ジョーカーがでたらストップ。

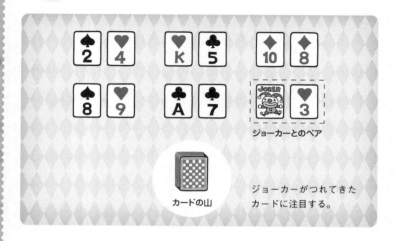

占いの結果

今日の幸運のパートナーがわかる！

　この占いでは、ジョーカーがあなた自身と考えます。ジョーカーといっしょにでたカード、つまりあなたがつれてきたカードが、その日のあなたのラッキーパートナーです。

　♥は年上の女性、♦は年下の女性、♠は年上の男性、♣は年下の男性をあらわしています。

　あなたにとって、それがだれになるのか、考えてみてください。いっしょにいたり、なかよくしたり、その人のためになにかしてあげたりすると、幸運がめぐってくるはずです。

♥は年上の女性

お姉さんやお母さんのためになにかをしてあげたり、年上の女性といっしょにいたりすると、その日1日、いいことがありそうです。

♥Aがもっとも幸運度が高く、あとは下から順に、♥2、♥3、♥4……♥J、♥Q、♥Kと幸運度があがっていきます。

◆は年下の女性

妹をかわいがってあげたり、年下の女の子のそばにいたりすると、その日1日、なにかいいことがおこりそうです。

◆Aがもっとも幸運度が高く、あとは下から順に、◆2、◆3、◆4……◆J、◆Q、◆Kと幸運度があがっていきます。

♠は年上の男性

お兄さんやお父さんのためになにかをしてあげたり、年上の男性といっしょにいたりすると、その日1日、いいことがありそうです。

♠Aがもっとも幸運度が高く、あとは下から順に、♠2、♠3、♠4……♠J、♠Q、♠Kと幸運度があがっていきます。

♣は年下の男性

弟をかわいがってあげたり、年下の男性といっしょにいたりすると、その日1日、なにかいいことがおこりそうです。

♣Aがもっとも幸運度が高く、あとは下から順に、♣2、♣3、♣4……♣J、♣Q、♣Kと幸運度があがっていきます。

人間関係をスムーズにするおまじない

クラスや塾の友だちとか、クラブや部活の仲間たちとの関係がぎくしゃくしだしたようなときは、このおまじないをためしてみましょう。

おまじないのやりかた

①♣10のカードのウラに相手の名前を書く。

②それを青い折り紙でつつんで、その上から「安鎮心」という文字を書く。

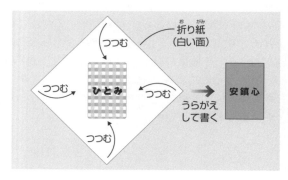

③それをお守りにしてもっていると、クラスやクラブのなかでの人間関係がスムーズになるはず。

ラッキーイニシャル占い

幸運をもたらす人はだれ？

「ラッキーイニシャル占い」では、その日、あなたに最高の幸運をもたらしてくれる人を占います。

その人の名前やニックネームのイニシャル（名前などのアルファベットの最初の1文字）がわかるので、あなたの幸運の人がいったいだれなのか、さがしてみてください。

もしかしたら、あなたがよく知っている人かもしれませんし、その日、はじめて出会う人かもしれません。

つかうカード
ジョーカーをのぞいた52枚

占いかた

step 1 思いをこめて、カードをよくシャッフルする。

step 2 占う日の西暦と月日につかわれている数字のぶんだけ、カードをぬく。たとえば、2015年4月29日だとすると、2枚、0枚、1枚、5枚、4枚、2枚、9枚と、カードをぬいて、ウラのまま上にかさねていく。

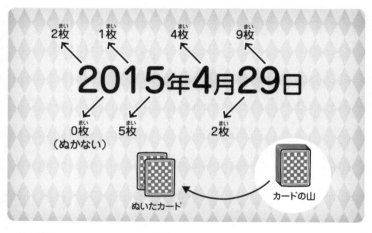

step 3 ぬいたカードのいちばん上をめくって、オモテにする。そのカードに注目する。

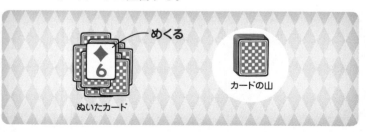

占いの結果

幸運をもたらしてくれる人のイニシャルがわかる！

　カードのマークと数字を確認し、下のイニシャル表で、マークと数字が交差するところをみつけます。

　そこにある文字が、その日、あなたにもっとも幸運をもたらしてくれる人のイニシャルです。

　ただし、このイニシャルは名字かもしれませんし、名前かもしれません。気軽によびあうニックネームや、インターネット上でつかうハンドルネームということもあります。

イニシャル表

数字＼マーク	A（エース）	2	3	4	5	6	7	8	9	10	J（ジャック）	Q（クイーン）	K（キング）
ハート ♥	A	B	C	D	E	F	G	H	I	J	K	L	M
ダイヤ ♦	N	O	P	Q	R	S	T	U	V	W	X	Y	Z
スペード ♠	A	B	C	D	E	F	G	H	I	J	K	L	M
クラブ ♣	N	O	P	Q	R	S	T	U	V	W	X	Y	Z

友情の五芒星占い

あなたの味方はどんな友だち？

こまっているとき、まよっているときにたすけてくれるのが本当の友だちです。あなたは、そんな友だちをもっているでしょうか？「友情の五芒星占い」は、どんなときも、あなたの力強い味方になってくれる同性の友だちを、はっきりとしめしてくれます。

占いを信じて、あなたの本当の友だちをみつけ、ずっとつづく友情をきずいていきましょう。

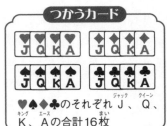

つかうカード

♥♠♦♣のそれぞれJ、Q、K、Aの合計16枚

占いかた

step1 身近にいる人たちの顔やすがたを思いうかべながら、16枚のカードをよくシャッフルする。

step2 シャッフルしたカードを、下の図のように、①〜⑤の順番に5枚ならべる。のこりのカードは、五芒星の中心におく。

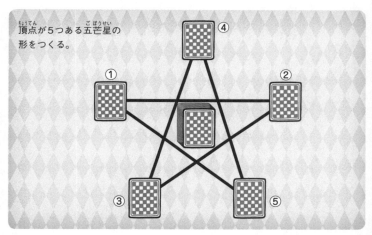

頂点が5つある五芒星の形をつくる。

step3 ④の位置のカードをひらく。そのカードの数字があなたの心強い友だちをあらわす。

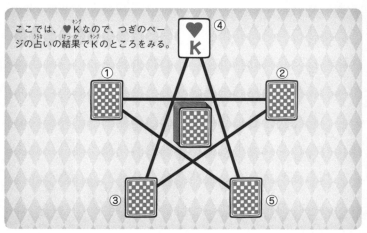

ここでは、♥Kなので、つぎのページの占いの結果でKのところをみる。

占いの結果

あなたの味方になってくれる同性の友だちがわかる

Aのカード

あなたの本当の味方になってくれるのは、これまで、「ちょっと苦手だな」と思っていたタイプの同性です。勇気をだして、あなたから声をかけてみましょう。

Qのカード

あなたの心強い味方になってくれるのは、これまで、あまり気にかけていなかった同性です。きっかけをつくり、話をしてみると、意外にたのもしいかもしれません。

Jのカード

本当にこまっているときに強い味方になってくれるのは、あなたがふだんなかよくしている同性です。気をつかったりしないで、心配ごとをぶつけてみましょう。

Kのカード

あなたをあたたかくつつんでくれるのは、年上の同性です。クラブの先輩やいとこなど、年上の人にたすけをもとめれば、きっといい方法を教えてくれるはずです。

友だちとなかなおりできるおまじない

友だちとけんかをして、すなおになかなおりができないようなら、このおまじないをためしてみましょう。

おまじないのやりかた

①新しいトランプから、♣A～Kのカード13枚をぬきだす。
②♣Aは1時、♣2は2時というように、カードで時計の文字盤をつくる。
③♣Kを文字盤の中央におき、「時計よまわれ、時間よながれろ。○○さんの心がひらくまで、ステップ！」と、大きな声で呪文をとなえ、♣A～Kまでのカードを順に指さしていく。
④最後の♣Kのカードをお守りとしてもちあるくと、なかなおりがはやくできる。

ピラミッドくずし占い

ライバルに勝てるかな？

あなたには、ライバルとよべる人が何人くらいいるでしょうか。勉強のライバル、スポーツのライバル、ゲームのライバルなど、なにをするときにも、ライバルは登場してきます。

なかでも、もっとも気になるのは、恋のライバルでしょう。負けるといちばんくやしいのが、このライバルです。

ライバルに勝てるかどうか、占ってみましょう。

つかうカード
ジョーカーをふくむ53枚

占いかた

step 1 すべてのカードをよくまぜたあと、ライバルの名前をひらがなにして、その文字数だけカードをシャッフルする。

step2

下の図のように、カードをウラにして、上から、①〜㉘の順番に、ピラミッド形に配置する。

> のこりのカード25枚が自分のカードとなる。これをつかって、ライバルにあたる7段、28枚のピラミッドと対決していく。

ならべおわると、7段のピラミッドができあがる。自分のカードは、のこりの25枚。

自分のカード

step3

7段めのカードをすべてめくる。自分のカードは1枚めくり、7段めのカードのうち、おなじマークのカードと対決する。数が大きいほうが勝ちとなる。

> 対決するのは、おなじマークのカードだけ。対決するカードが2枚以上あるときは、左にあるカードから順に対決していく。ジョーカー、♥Qは特別なカードなので、74～75ページの説明を参照する。

♥3は、♥5よりも弱いので、ピラミッド側の負けとなる。負けた♥3をすてて、勝った♥5はのこす。つづけて、右にある♥8と対決する。

負け
♠2　♦5　♥3　♣10　♣J　♥8　♠7

すてる ←------　対決

勝ち
♥5 のこす
自分のカード

※カードは、Aがもっとも強く、あとは2、3…10、J、Q、Kの順に強くなる。

step4 負けたカードはすてる。自分が負けたら、つぎのカードをめくり、ピラミッドと対決させていく。自分かピラミッドのカードのどちらかが、ぜんぶなくなったら終了。

> おなじマークがピラミッドにないときや、自分のカードのほうが弱いときは自分の負け。そのカードをすてて、つぎのカードをめくる。

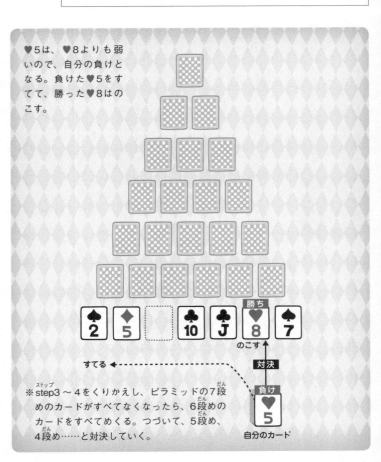

※step3〜4をくりかえし、ピラミッドの7段めのカードがすべてなくなったら、6段めのカードをすべてめくる。つづいて、5段め、4段め……と対決していく。

特別な対決 1

めくった自分のカードがジョーカーであれば、自分のジョーカーと、ピラミッドでオモテになっている段のすべてのカードをすてる。

特別な対決 2

ピラミッドのなかにジョーカーがあった場合は、ジョーカーをすてて、自分のカード1枚をジョーカーのあった位置におく。

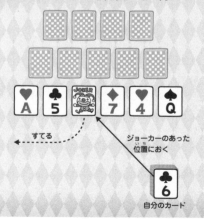

特別な対決 3

めくった自分のカードが♥Qであれば、♥Qをすてて、ピラミッドでオモテになっている段のすべての♥のカードをすてる。

すべての♥の
カードをすてる　　　　　　　　　すてる

自分のカードに♥Qがでたら、ピラミッドにある♥のカードは、数字の大きさに関係なく、すべてすてる。

自分のカード

占いの結果

あなたとライバルの勝負のゆくえがわかる

終了したところで、ピラミッドにのこっているカードの枚数をすべてかぞえます。枚数によって、ライバルに勝てるか勝てないか、また、勝てるとしたら、いつごろなのかがわかります。

0枚

ピラミッドのカードがすべてなくなれば、ライバルはすぐにいなくなり、あなたの完全な勝利となるでしょう。

1〜5枚

おそくとも、この1か月以内に、ライバルはいなくなります。ほぼかんぺきな勝利でしょう。

6〜10枚

ここ3か月以内に、ライバルは消えてしまうはずです。まあまあの勝利でしょう。

11〜15枚

半年以内に、ライバルは敗北宣言をするはずです。やや時間はかかっても、あなたの勝利となるでしょう。

16〜20枚

1年ほど苦戦したのち、ライバルはしぶしぶ消えていきます。苦しまぎれの勝利となるでしょう。

21枚以上

あなたの完敗です。しばらく時間をおいて、もう一度、挑戦してみましょう。

友情の曜日占い

1週間の友情運は？

どんなに気のあう友だちでも、おたがいのその日の気分や、学校であったことなどによって、仲がよいときもあれば、そうでないときもあります。いつもはいっしょに楽しく行動していても、ひとりでいたいときや、ほかの友だちとなかよくしたいときもあるはずです。

そんな友だちとの1週間の友情運が前もってわかれば、とても便利です。「友情の曜日占い」で占ってみましょう。

つかうカード

♣のA〜Kまでの13枚

占いかた

step1 13枚のカードをシャッフルし、ウラのまま、下の図のように①〜⑦まで順番にならべる。

①〜⑦のカードは、1週間のそれぞれの曜日にあたる。

step2 占いたい曜日のカードをめくる。めくったカードの数字が、その日の友情運をあらわす。

上の図は占いたい曜日が木曜日のとき。この場合の占いの結果は、右ページの♣8でわかる。

占いの結果

あなたと友だちの1週間の友情運がわかる

♣A なにごとも、あなたのリードで行動すれば、うまくいくはずです。

♣2 どんなことがあっても、相手の欠点を攻撃するのはやめましょう。

♣3 おたがいに、お金の貸し借りは禁物です。あとでトラブルになります。

♣4 口げんかがトラブルのたねになりそうです。やさしい口調で話しかけるように、心がけましょう。

♣5 自分の考えだけで行動せずに、相手のアドバイスにも耳をかたむけましょう。

♣6 たまには、相手の話をじっくりと聞く役にまわることもたいせつです。

♣7 どんなに話したくても、自慢話はひかえるようにしましょう。聞かされる相手の身になって考えることも必要です。

♣8 あなたのほうからすなおに接すれば、あたたかい友情につつまれて、幸せな気分になれるはずです。

♣9 テレビドラマや映画、趣味、スポーツなど、共通の話題づくりをするとよいでしょう。

♣10 ほかの友だちをまじえれば、もっと親しくなれそうです。

♣J 相手をよろこばせるようなことをすれば、あなたへの信頼度はアップするはずです。

♣Q どんなに腹がたっても、相手のわがままをゆるすことがたいせつでしょう。わがままは、いつもおたがいさまのはずです。

♣K いいたいことをいいあえば、心のなかのわだかまりもとれて、おたがいにハッピーになれるはずです。

第1章 恋のトランプ占い

第2章 友情のトランプ占い

第3章 だいじなときのトランプ占い

友だちの誤解をとくおまじない

誤解がもとで、友だちとけんかになってしまい、なかなおりしたいけれど、うまくいかない。そんなときは、このおまじないをしてみましょう。

おまじないのやりかた

① ♣Jのカードと、自分のもちもののなかで、いちばんたいせつにしている宝物を用意する。

② 夜の10時になったら、ささげる気もちで、♣Jのカードの上に宝物をのせる。

③ 「クローバーのナイトさん、どうか友だちの誤解がとけるまで、わたしをまもってください」と3回となえる。友情をあらわす♣のカードのなかでも、Jはナイト(騎士)の意味があり、あなたの友情をまもってくれる。

④ つぎの日、そのカードを身につけて、もう一度、友だちと話しあえば誤解がとけるはず。

第3章

だいじなときのトランプ占い

どんななやみでも、すぐに解決！

今日の運気占い

あなたの今日の運気を占おう！

　朝、おきたとき、今日はなにかいいことがおこりそうだとか、だれかステキな人にめぐりあえそうだとか思ったことはありませんか？

　その日の運気を調べて、期待しながら1日をすごすのもいいものです。

　もし、占いの結果がよくなかったら、その日は、じゅうぶんに気をつけてすごしましょう。そうすれば、きっと、運もめぐってくるはずです。

つかうカード

♥♠◆♣ A～10とジョーカーの41枚

占いかた

step1 ねがいをこめてカードをシャッフルし、1枚ずつめくって、オモテにしていく。

step2 Aかジョーカーがでたら、オモテをむけておく。

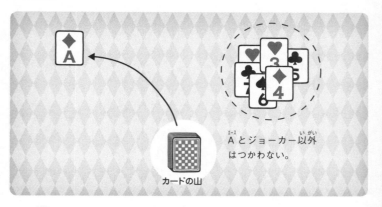

AとジョーカーⅠ以外はつかわない。

カードの山

step3 step2をくりかえし、Aは、でた順に上からならべていく。

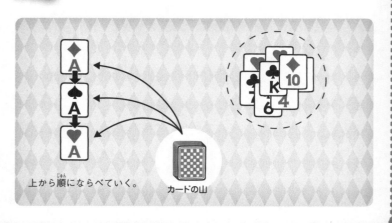

上から順にならべていく。

カードの山

step4 ジョーカーがでたらストップ。Aの数とマークの順番に注目する。

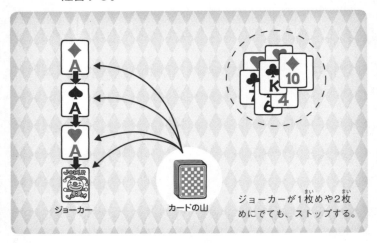

ジョーカー　　カードの山　　ジョーカーが1枚めや2枚めにでても、ストップする。

占いの結果

今日、どんな運がめぐってくるかがわかる

　Aの枚数が運の強さをあらわします。4枚なら「最強運」、3枚なら「強運」、2枚なら「順調」、1枚なら「ふつう」、0枚なら「凶」をしめしています。

　また、Aのマークで、どんな種類の運勢がよいかもわかります。でた順に運が強く、でないマークは「注意」を意味します。

　♥は恋愛運、◆は金運、♣は友情運、♠は勉強運を暗示しています。

マーク	運勢の種類	占えること
♥	恋愛運	異性や愛情についてのこと
♦	金運	お金や損得についてのこと
♣	友情運	人間関係についてのこと
♠	勉強運	勉強や仕事などについてのこと

前のページのstep4の場合は、Aが3枚あらわれていて、全体的には強運をしめしています。

金運がとくによく、勉強運、恋愛運もなかなかいいようです。ただし、♣がでていないので、友だちや家族との会話のやりとりなどは慎重にしたほうがよいかもしれません。

Aの枚数	運勢の強さ
4枚	最強運
3枚	強運
2枚	順調
1枚	ふつう
0枚	凶

時計占い

明日の時間帯ごとの運勢を占う

人のからだの調子は、1日のうちでも変化します。調子のよい時間帯もあれば、よくない時間帯もあります。おなじように、わたしたちの運勢にも、時間によって変化がおきます。たとえば、勉強をする場合、大きな効果が期待できる時間帯もあれば、そうでない時間帯もあるのです。

あなたが明日、どの時間帯になにをすれば、大きな成果が期待できるかを占ってみましょう。

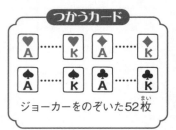

つかうカード
♥A……♥K ♦A……♦K
♠A……♠K ♣A……♣K
ジョーカーをのぞいた52枚

占いかた

step1 ジョーカーをのぞいた52枚のカードを、明日1日の予定を思いうかべながら、よくシャッフルする。

step2 シャッフルがおわったら、52枚のカードをウラにして、下の図のように①〜⑬の順番でならべていく。これを4回くりかえして、すべてのカードをならべる。

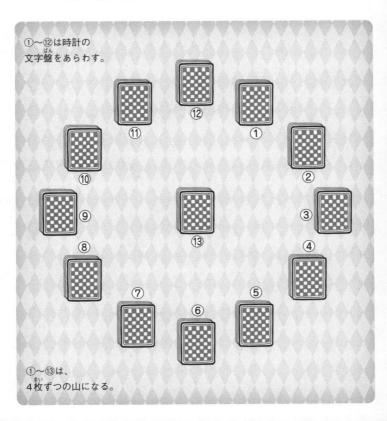

①〜⑫は時計の文字盤をあらわす。

①〜⑬は、4枚ずつの山になる。

step3

カードをならべおえたら、まんなかにおいた⑬の山の、いちばん上のカードをめくる。めくったカードを、その数字とおなじ番号のカードの山のいちばん下に、オモテにしていれる。

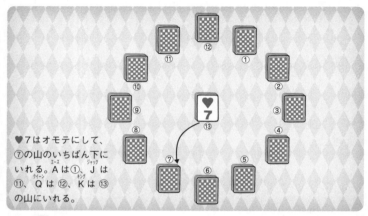

♥7はオモテにして、⑦の山のいちばん下にいれる。Aは①、Jは⑪、Qは⑫、Kは⑬の山にいれる。

step4

カードをいれた山のいちばん上のカードをめくる。めくったカードを、また、その数字とおなじ番号の山のいちばん下に、オモテにしていれる。

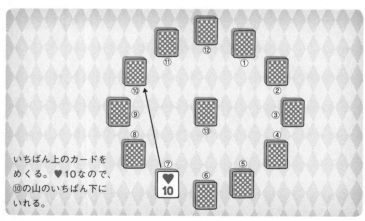

いちばん上のカードをめくる。♥10なので、⑩の山のいちばん下にいれる。

step5 step4をくりかえす。

step6 ⑬の山にKのカードが4枚あつまり、めくるカードがなくなったらストップ。

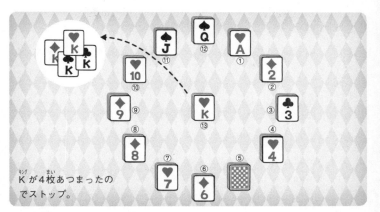

Kが4枚あつまったのでストップ。

step7 それぞれの山から、オモテのカードはのこしたまま、ウラになっているカードをぜんぶとりのぞく。①〜⑫の位置にのこったカードのいちばん上のマークと、のこっているカードの枚数によって占う。

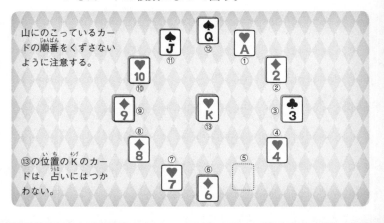

山にのこっているカードの順番をくずさないように注意する。

⑬の位置のKのカードは、占いにはつかわない。

占いの結果

1日の時間帯ごとの運勢がわかる

　占いがおわったら、①～⑫のそれぞれの山にのこったカードの枚数と、いちばん上のカードのマークを、右ページの表に書きこみましょう。もし、オモテのカードが1枚もない山があったら、0と書きます。

　カードの山の番号は、1日の時刻をあらわし、いちばん上のカードのマークは、その時間帯にアップする運勢をあらわします。なんの運勢がどれくらいアップするかは、92ページからのマークごとの表で説明しています。

　step7の例でいえば、9時をあらわす⑨の位置に◆9があるので、午前と午後の9時の時間帯に金運がアップするということになります。オモテのカードがない時刻は、全体的に運勢のよくない時間帯です。慎重な行動を心がけましょう。

下の表の「枚数」には、それぞれの山にのこったカードの枚数を書きます。「いちばん上のマーク」には、山のいちばん上にあるカードのマークに○をつけます。すべてを書きおえたら、調べてみたい時刻に対応する①〜⑫のところをみます。のこった枚数といちばん上のマークの種類とで、その時間帯の運勢がわかります。

	枚数	いちばん上のマーク			
①	枚	ハート	スペード	ダイヤ	クラブ
②	枚	ハート	スペード	ダイヤ	クラブ
③	枚	ハート	スペード	ダイヤ	クラブ
④	枚	ハート	スペード	ダイヤ	クラブ
⑤	枚	ハート	スペード	ダイヤ	クラブ
⑥	枚	ハート	スペード	ダイヤ	クラブ
⑦	枚	ハート	スペード	ダイヤ	クラブ
⑧	枚	ハート	スペード	ダイヤ	クラブ
⑨	枚	ハート	スペード	ダイヤ	クラブ
⑩	枚	ハート	スペード	ダイヤ	クラブ
⑪	枚	ハート	スペード	ダイヤ	クラブ
⑫	枚	ハート	スペード	ダイヤ	クラブ

第1章 恋のトランプ占い

第2章 友情のトランプ占い

第3章 だいじなときのトランプ占い

いちばん上のマークが ♥(ハート) 恋愛運がわかる

4枚	オモテのカードが4枚ある場合は、その時間帯の恋愛運は絶好調です。好きな人に告白すれば、うまくいく可能性は非常に高いでしょう。おしゃべりをしたり、いっしょにあそんだりしても、もりあがることまちがいなしです。
3枚	オモテのカードが3枚ある場合は、その時間帯の恋愛運は80％くらいアップします。好きな人に接近するチャンスがあるでしょう。さりげなく話しかけてみると、なかよくなれる可能性が高まり、自信をもって行動すれば、もっと運がひらけるかもしれません。
2枚	オモテのカードが2枚ある場合は、その時間帯の恋愛運は50％くらいアップします。なるべく相手に近づいてみるなど、積極的に行動すれば運はもっとアップしますが、消極的だとダウンしてしまうでしょう。あなたの努力しだいです。
1枚	オモテのカードが1枚の場合は、その時間帯の恋愛運はわずかですがアップします。運をさらにアップさせるには、大きな努力が必要ですが、あきらめることなく、好きな人に積極的に声をかけるなど、せいいっぱいがんばってみましょう。

いちばん上のマークが スペード 勉強運がわかる

4枚	オモテのカードが4枚ある場合は、その時間帯の勉強運は最高です。テストの時間であれば、よい点数が期待できそうです。また、この時間帯に勉強をすれば、どんどん頭にはいっていくことでしょう。成績をアップさせるには最適な時間帯です。
3枚	オモテのカードが3枚ある場合は、その時間帯の勉強運は80％くらいアップします。テストの時間であれば、あなたの予想よりも、よい点数がとれるかもしれません。この時間帯に勉強をすれば、現在より成績がアップするでしょう。
2枚	オモテのカードが2枚ある場合は、その時間帯の勉強運は50％くらいアップします。テストの時間であれば、あせらず慎重にのぞめば、ひどい点数をとることはありません。あきらめないで積極的に行動することがたいせつです。
1枚	オモテのカードが1枚の場合は、勉強運はわずかですがアップします。テストの時間であれば、日ごろの勉強不足を反省しながら、わかる問題からしっかりとくようにしましょう。あきらめてしまうと、わずかな運もにげてしまいます。

いちばん上のマークが ◆ダイヤ 金運がわかる

4枚	オモテのカードが4枚ある場合は、その時間帯は金運が絶好調です。おこづかいをおねだりするのには最高の時間帯。ただし、夜中におねだりしても、しかられてしまうだけなので、時間帯をきちんとわきまえるようにしましょう。
3枚	オモテのカードが3枚ある場合は、その時間帯の金運は80％くらいアップします。おこづかいをもらえる可能性は高いので、がんばっておねがいしてみましょう。買いものなどのお手伝いをすると、おだちんをもらえるかもしれません。
2枚	オモテのカードが2枚ある場合は、その時間帯の金運は50％くらいアップします。おねがいのしかたによっては、おこづかいをもらえるかもしれません。よい印象をもたれるように心がけ、お手伝いもいやがらずにするとよいでしょう。
1枚	オモテのカードが1枚の場合は、その時間帯の金運はわずかですがアップします。お手伝いを自分からすすんでやるなど、あなたの努力しだいで、金運がさらにアップする可能性もあります。あきらめずにがんばってみましょう。

いちばん上のマークが クラブ 友情運がわかる

4枚	オモテのカードが4枚ある場合は、友情運が最高にアップしている時間帯です。けんかをして、気まずくなっている友だちがいたら、なかおりをする絶好のチャンスなので、ぜひ声をかけてみましょう。新しい友だちをつくるのにも最適な時間帯です。
3枚	オモテのカードが3枚ある場合は、その時間帯の友情運は80％くらいアップします。いつものように友だちとなかよくあそんでいると、なにかよいことがあるかもしれません。仲がよくない友だちに話しかけてみると、なかよくなれそうです。
2枚	オモテのカードが2枚ある場合は、友情運は50％くらいアップします。ただし、この時間帯にわがままなことをしてしまうと、たとえ仲がよい友だちであっても、けんかになりやすいでしょう。よく注意して行動しましょう。
1枚	オモテのカードが1枚の場合は、友情運はわずかですがアップします。友だちから誤解をうけやすい時間帯なので、じゅうぶん注意をして行動しましょう。とくに、ふだん仲のよくない友だちとの会話は、慎重にするほうがよいでしょう。

わるいことをふせぐおまじない

だいじなことをむかえようとするときや、なにかわるい予感がするようなときにぴったりのおまじないです。海をつかさどる神、ポセイドンの力でまもってもらいましょう。

おまじないのやりかた

①♠Aと、ポセイドンがえがかれたジョーカーを用意する。
②右手の親指に朱肉や赤いスタンプのインクをつけ、♠Aの中央に指紋をうつす。

③♠Aとジョーカーをむかいあわせにかさねて、テープでとめる。

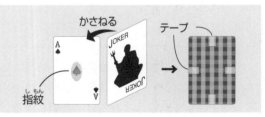

④それを左の胸ポケットにいれてお守りにすると、わるいことをはねのけて、あなたをまもってくれるはず。

ゴー・ストップ占い

まよったときにどちらをえらぶ?

なにかをはじめようとしたとき、自信がなく、まよったりして、どうしていいのかわからなくなることがあります。あなたなら、コインを投げて、そのウラ・オモテで決めますか、それとも、くつをほうり投げて、そのウラ・オモテで決めますか?

まよいにまよったときに、強い味方になってくれるのが、「ゴー・ストップ占い」です。勇気をだして占ってみましょう。

つかうカード

ジョーカーをのぞいた52枚

占いかた

step1 カードを両手でつつみ、大きく3回深呼吸をする。つぎに、まよっていることを頭に思いうかべながら、よくシャッフルする。

step2 シャッフルしたあとのトランプを3つにカットし、右の図のように、順番にかさねる。

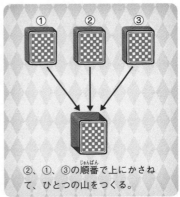

②、①、③の順番で上にかさねて、ひとつの山をつくる。

step3 上から1枚ずつ、オモテにしてだしていく。カードをだしつづけているうちに、♥10か♠9のどちらかがでてきたら、そこでストップする。

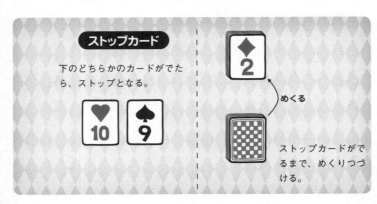

ストップカード

下のどちらかのカードがでたら、ストップとなる。

ストップカードがでるまで、めくりつづける。

占いの結果

あなたがまよったときに、どうすればいいのかがわかる

♥10がでた場合

♥10は、幸運をあらわすカードです。あなたのまよいに、ゴー(実行しなさい)の意味をもたらします。

したがって、あなたが「こうしたいな」と思っているなら、そのとおりに決断すれば、いい結果につながります。自分の決断を信じて行動しましょう。

♠9がでた場合

♠9は、アクシデントをあらわすカードです。あなたのまよいに、ストップ(やめなさい)の意味をもたらします。

これは、あなたの願望にじゃまがはいっているという暗示です。むりに行動を進めると、わるい結果につながるかもしれません。実行するのは、しばらくまつほうがよいでしょう。

チャンス占い

チャンスはいつやってくる？

どんなことであれ、なにか行動をおこしたり、ものごとをはじめたりするには、よい時期というものがあります。むやみに行動をおこすのではなく、まわりの状況をみて、タイミングをきちんとつかんでからスタートするほうが、成功する確率が高いのです。

この占いをやってみて、スタートにふさわしいチャンスの時期を確認しましょう。

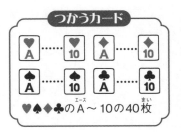

つかうカード

♥♠◆♣のA〜10の40枚

占いかた

step1 最初に、どんなことに対して、チャンスの時期を知りたいのか、実際に、ことばにだして3回となえる。

step2 40枚のカードを、よくシャッフルする。このとき、また、ことばにだして3回となえる。

step3 下の図のように、上のカードから①〜⑯の順番に、ウラにしてならべる。のこりの24枚は、あとで使用する。

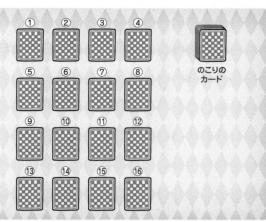

step4 トランプゲームの神経衰弱のように、どれでもいいので、好きなカードを2枚同時にめくる。2枚のカードのマークがおなじだったらストップ。ちがっていたら、おなじマークがでるまで、何度もくりかえす。

マークがちがうときは、ウラにもどしてから、べつの2枚をひらく。これはおなじマークなので、step5にすすむ。

step5 おなじマークがでたら、2枚のカードの数字を合計する。
たとえば、♥9と♥10なら19となる。

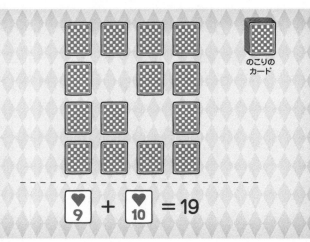

step6 のこりのカードの山を手にもち、step5ででた数だけシャッフルし、上から1枚めをめくる。

占いの結果

あなたのチャンスの時期がわかる

　最後にひらいたのは、どんなカードだったのでしょうか？　そのカードが、あなたのチャンスの時期を教えてくれます。

　カードのマークと数字によって判断しますが、右の表のように、マークには、それぞれ決められた単位があります。たとえば、ひらいたカードが♠3であれば、1日×3＝3日、つまり、3日後にチャンスがおとずれるということになります。

マークの単位

マーク	単位
スペード	1日
ハート	1週
クラブ	10日
ダイヤ	1か月

チャンスの時期は、
マークの単位×カードの数字
で計算する。

未来の職業占い

あなたにぴったりの職業は？

あなたは、将来、どんな仕事をしたいと思っていますか？

学校の先生や保育士、看護師、ファッションデザイナー、タレントなど、将来の自分のすがたを想像すると、夢が大きくひろがっていきます。

ここでは、あなたの未来の職業について、占ってみましょう。

ただし、これは現在のあなたについて占うものであり、あなたの一生を左右するものではありません。

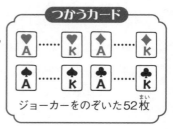

つかうカード

ジョーカーをのぞいた52枚

占いかた

step 1 自分がやってみたい職業を、頭のなかで想像しながら、カードをよくシャッフルする。

step2
カードをウラにして、①〜⑫まで順番にならべる。のこりの40枚のカードを前半・後半の20枚ずつの山にわけ、AとBの位置におく。

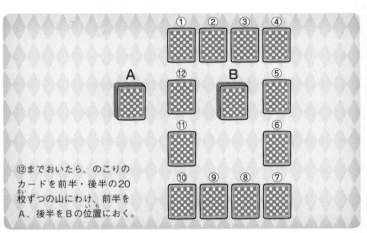

⑫までおいたら、のこりのカードを前半・後半の20枚ずつの山にわけ、前半をA、後半をBの位置におく。

step3
A、Bのカードの山の、それぞれいちばん上のカードを同時にめくり、どちらのカードが強いかをみる。

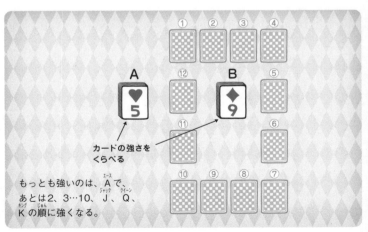

カードの強さをくらべる

もっとも強いのは、Aで、あとは2、3…10、J、Q、Kの順に強くなる。

step4 強いほうのカードは、その山の手前にのこしておく。弱いほうのカードは、その場にはのこさずにすてる。

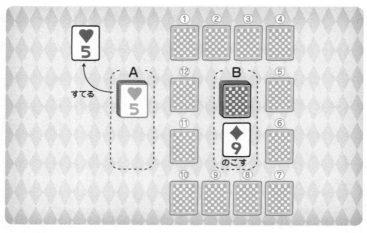

step5 step3〜4を7回くりかえす。もし、両方の山でおなじ数のカードがでたときにはひきわけ。両方のカードをすてて、回数にいれない。

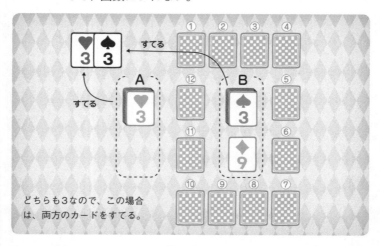

step6 7回おわったら、AとBの勝ちのこったカードの枚数をかぞえる。さらに、枚数の多いほうの山のなかで、いちばん大きな数は、どのカードかを調べる。

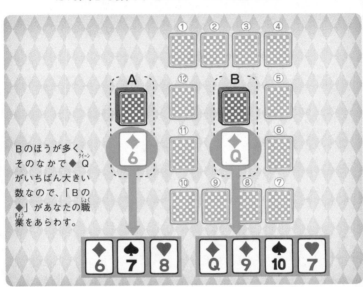

Bのほうが多く、そのなかで◆Qがいちばん大きい数なので、「Bの◆」があなたの職業をあらわす。

step7 step6のカードのマークが、あなたの職業をしめす。いちばん数の大きいカードが2枚以上あるときは、該当するすべてのマークをみる。

占いの結果

あなたにむいている職業のタイプがわかる

Aの位置のカード

♥ フライトアテンダント、バスガイド、ウエイトレス、保険の外交員などのサービス業や、電話会社、インターネット関連会社、出版社、テレビ局などの情報・通信にかんする職業。

♦ 会計士や税理士、銀行員など金融関係の会社の社員、郵便局員など、事務系のお金にかんする職業や、建築士、システムエンジニア、ハイテク関連企業などの理数系の職業。

♠ コンピュータプログラマーやゲームクリエーター、パソコンインストラクター、アナウンサー、ウェブデザイナー、アロマテラピストなど、時代の最先端をいく職業。

♣ イベントプランナーやツアーコンダクター、広告代理店社員、語学教師、保育士、社会福祉士、介護福祉士、心理カウンセラーなど、コミュニケーション能力が必要とされる職業。

Bの位置のカード

♥ ファッションデザイナーやイラストレーター、マンガ家、ミュージシャン、メイクアップアーティスト、スタイリスト、パティシエなど、アーティスト系の職業。

♠ 作家、ノンフィクションライター、コピーライター、ブックデザイナー、カメラマン、ディレクター、プロデューサー、演出家、脚本家、翻訳家、編集者など、出版・映像業界のクリエイティブな職業。

♦ 医師や獣医師、薬剤師、歯科技工士、臨床検査技師、看護師、研究開発者などの理数系の技術者や、教師、塾講師、スポーツインストラクターなど、人にものを教えたり指導したりする職業。

♣ 俳優や声優、タレント、歌手、フリーアナウンサー、司会者、イベントコンパニオン、モデル、ディスクジョッキーなど、たくさんの人の前などで、個性を発揮する職業。

1週間の運気占い

あなたの1週間を占ってみよう！

恋愛のことや友だちとの関係、勉強のことなど、どんな人でも、なにかしらのなやみはあるものです。

週末になって、これから新しい1週間をむかえようとするとき、期待と不安がいりまじった思いをいだいたことはありませんか？

この「1週間の運気占い」で、来週があなたにとって、どんな1週間になるか、占ってみましょう。

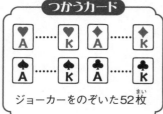

つかうカード

ジョーカーをのぞいた52枚

占いかた

step1 ねがいをこめてカードをシャッフルする。

step2 「日、月、火、水……」と曜日を声にだしながら、左から右へ、ウラのままカードをならべていく。

カードは左から右へと、1枚ずつならべる。

step3 「……木、金、土」と、1週間ぶんの7枚のカードをならべたら、左にもどって、くりかえしてならべる。

それぞれの曜日のところにカードをかさねる。

step4 最後のカードをならべたら、そこでストップ。7つの山のいちばん上のカードをめくって、オモテにする。

それぞれの曜日のカードをオモテにする。

占いの結果

あなたの1週間の運気がわかる！

1週間のうちのどの曜日にどんな運がめぐってくるのかを知ることができます。まずは、それぞれの曜日にあらわれたカードのマークに注目します。♥は恋愛運、♦は金運、♣は友情運、♠は勉強運をあらわしています。

カードの数字は幸運度をしめしています。Aはいちばん幸運度が高く、あとは下から、2、3、4 …… J、Q、Kの順に幸運度があがっていきます。

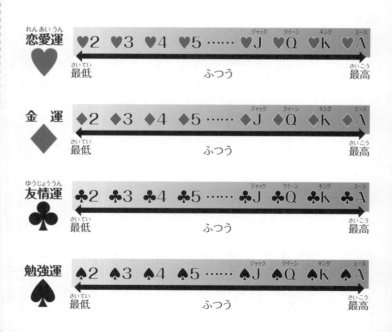

12星座の今日の運勢

12星座別にその日の運勢がわかる！

今日はどんな日になるのかな？　そう思ったときは、12星座別にその日の運勢をみる、この占いをためしてみましょう。恋愛運、金運、友情運、勉強運のうち、どの運気があがるのかを知ることができます。

友だちの星座を聞いておけば、自分だけでなく、みんなの今日の運勢もいっしょに占うことができます。

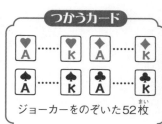

つかうカード

ジョーカーをのぞいた52枚

ホロスコープの12星座の配置

この占いでは、ホロスコープの星座の配置をつかいます。

12の星座の配置は右のようになり、それぞれの数字がカードの数字をあらわします。

自分の星座がわからなかったら、117ページで調べましょう。

① おひつじ座
② おうし座
③ ふたご座
④ かに座
⑤ しし座
⑥ おとめ座
⑦ てんびん座
⑧ さそり座
⑨ いて座
⑩ やぎ座
⑪ みずがめ座
⑫ うお座

占いかた

step 1
シャッフルしたら、①の「おひつじ座」から順に、12枚のカードをウラにして円形においていく。

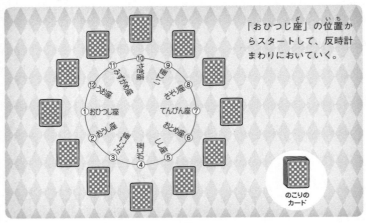

「おひつじ座」の位置からスタートして、反時計まわりにおいていく。

step 2
12枚のカードをおいたら、13枚めを円の中央におく。

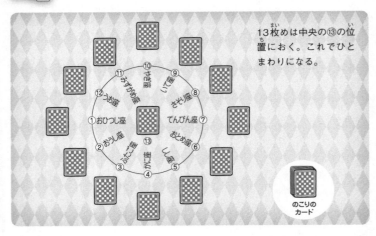

13枚めは中央の⑬の位置におく。これでひとまわりになる。

step3
step1とstep2を4回くりかえし、最後の1枚をオモテにする。

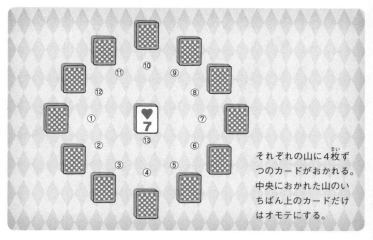

それぞれの山に4枚ずつのカードがおかれる。中央におかれた山のいちばん上のカードだけはオモテにする。

step4
中央のカードの数字とおなじ番号の山から1枚めくり、中央にあったカードをおく。

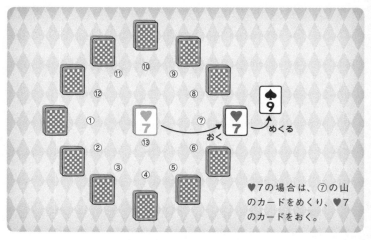

♥7の場合は、⑦の山のカードをめくり、♥7のカードをおく。

step 5
めくったカードもおなじようにし、つぎつぎとカードめくりをくりかえす。

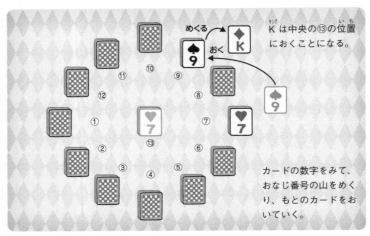

Kは中央の⑬の位置におくことになる。

カードの数字をみて、おなじ番号の山をめくり、もとのカードをおいていく。

step 6
中央におかれたカードの山に、Kのカードが4枚そろったらストップ。

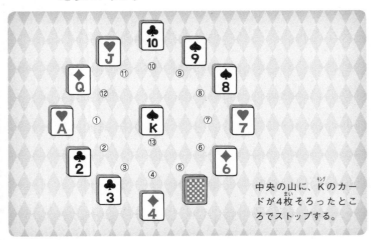

中央の山に、Kのカードが4枚そろったところでストップする。

占いの結果

今日は、だれのどんな運気が好調かがわかる！

12星座それぞれについて、今日の運勢がわかります。占いたい星座の山のいちばん上におかれたカードに注目します。

そのカードがオモテをむき、マークが♥なら恋愛運、♦なら金運、♣なら友情運、♠なら勉強運の運気があがっているあかしです。数字は関係ありません。

カードがウラなら、その星座の運気は低調だという意味になります。

3/21～4/19生まれ おひつじ座	7/23～8/23生まれ しし座	11/23～12/21生まれ いて座
4/20～5/20生まれ おうし座	8/24～9/22生まれ おとめ座	12/22～1/19生まれ やぎ座
5/21～6/21生まれ ふたご座	9/23～10/23生まれ てんびん座	1/20～2/18生まれ みずがめ座
6/22～7/22生まれ かに座	10/24～11/22生まれ さそり座	2/19～3/20生まれ うお座

左の例なら

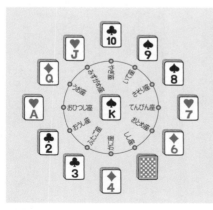

おひつじ座のマークは♥なので、おひつじ座の人は恋愛運が好調です。
しし座のカードはウラなので、しし座の人は全体的に運気が低調です。

1週間の金運占い

今週のあなたの金運は？

おこづかいがほしくなったあなたに、とっておきの占いを紹介しましょう。

この占いでは、あなたの1週間の金運がわかります。ただし、これは、夜、寝る直前におこなうものなので、明日の準備をすべておえてから占いましょう。

また、カードをシャッフルする前に、ゆっくりと数回、深呼吸をしましょう。そうすると、占いの効果が高まります。

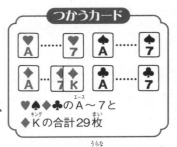

つかうカード

♥♠♦♣のA〜7と
♦Kの合計29枚

占いかた

step 1

カードをよくシャッフルし、ウラのまま、左から順番に、たて7列、よこ4段にならべていく。①〜㉘のようにならべたら、最後のカード㉙をオモテにして、手元におく。

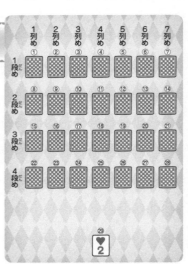

step2 手元の㉙のカードを、カードがあらわす数の列の手前に移動させ、前方のカード（ここでは㉓）をめくる。

> 移動させる場所は、マークに関係なく、カードがあらわす数の列をみて、いちばん手前にふせてあるカードの、さらに手前となる。

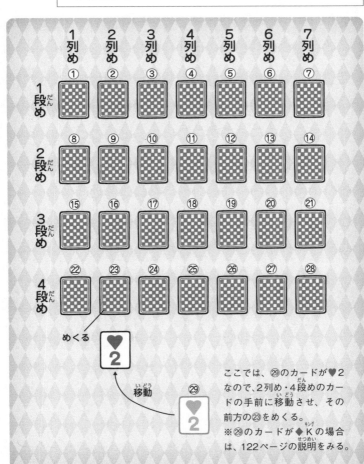

ここでは、㉙のカードが♥2なので、2列め・4段めのカードの手前に移動させ、その前方の㉓をめくる。
※㉙のカードが◆Kの場合は、122ページの説明をみる。

step3 移動させたカードとめくったカードの数字がちがう場合は、めくったカードのあらわす数の列の最後にカードを移動させ、その前方のカードをめくる。

> カードの移動先は、ウラになっているカードのうち、もっとも手前のカードの、さらに手前となる。

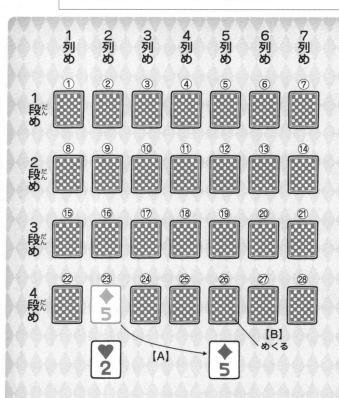

- 【A】めくった㉓のカードが◆5だったので、5列め・4段めの手前に移動させる。
- 【B】その前方のカード㉖をめくる。

step4 移動させたカードとめくったカードの数字がおなじだった場合は、さらにひとつ前方のカードをめくる。
step3～4をくりかえす。

> 移動させたカードとめくったカードの数字がちがう場合はstep3、おなじ場合はstep4をおこなっていく。

【C】移動させたカードが◆5で、㉖のカードが♣5とおなじ数字だったので、このカードはそのままにしておき、ひとつ前方のカード⑲をめくる。
【D】㉓は◆5を移動してあいているので、⑲ででた♠2をここへ移動させる。
【E】さらに前方の⑯をめくる。

step 5 step3〜4をくりかえし、◆Kのカードがでたら、そこでストップ。◆Kのカードをはずして、それぞれの列のオモテになっているカードをかぞえる。

> ◆Kは、オモテのカードの枚数にはふくめないので、かぞえる前にはずしてしまう。

1〜7列めまでのオモテのカードを列ごとにかぞえる。オモテのカードがない場合は0枚となる。
※最初にならべたとき、手元のカード（118ページの㉙）が◆Kだった場合には、すべての列が0枚となる。

step 6

下の図のように、それぞれの列が曜日をあらわしている。オモテになっているカードの枚数が多いか少ないかで、その曜日の金運が強いか弱いかがわかる。

> つぎのページの占いの結果をみる前に、曜日ごとに、オモテになっているカードの枚数をメモしておく。

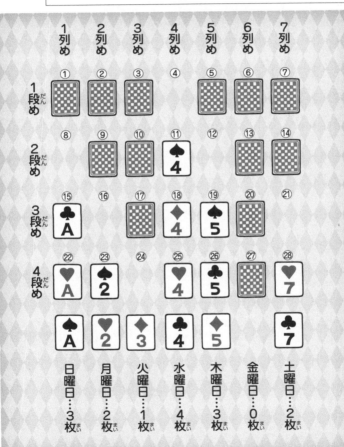

1列めは日曜日、2列めは月曜日……というように、列が曜日をあらわす。

占いの結果

各曜日の金運がわかる

1週間のやりくりをするためには、どんなことに注意すればよいのか、しっかりチェックしておきましょう。

4枚

金運が絶好調の日。成績がアップしたことや、家族のためにしたよいおこないなどがみとめられて、おこづかいをもらえそうです。家族以外からもらえる可能性もあるでしょう。

1～0枚

金運が最悪の日。おこづかいはもらえないうえに、手元の少ないおこづかいを、つかいはたしてしまいそうな危険な日です。友だちのさそいにのって、いっしょにお金をつかってしまうと、後悔するかもしれません。

3～2枚

まずまずの金運の日。お金をもらうことはあっても、でていくことはなさそうです。金額が少なくても、よくばらないで、ありがたくもらっておきましょう。

金運アップのおまじない

このところ、金運がわるくて、おこづかいにもめぐまれていないというあなたにぴったりのおまじないです。これをやれば、金運アップまちがいなしでしょう。

おまじないのやりかた

① ◆Aのカードをおき、その上から、五円玉にひもをつけた振り子をたらす。ひもの長さは15センチくらいでよい。
② 振り子がゆれはじめたら、「金運、金運、あがってください」と、心のなかで祈りながら、振り子が丸く動くように念じる。
③ 振り子が円をえがくように動きだし、ゆれが大きくなったら、振り子をとめる。五円玉をヒモからはずし、さいふのなかにいれておく。

※五円玉は金運がアップするためのだいじなお守りです。ほかのお金といっしょにつかってしまわないように、よく気をつけましょう。

紙につつんでいれてもよい。

さがしもの占い

なくしたものがみつかる？

なくしたものがなかなかでてこないと、とても不安になるものです。とくに、それが、友だちからの借りものだったりした場合には、とてもこまってしまいます。

そんなときにあなたの力になってくれるのが「さがしもの占い」です。

なくしたものは、みつかるのでしょうか、それとも、みつからないのでしょうか？　祈りをこめて、占ってみましょう。

つかうカード

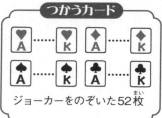

ジョーカーをのぞいた52枚

占いかた

step 1　なくなったものを頭のなかで思いえがきながら、すべてのカードをよくシャッフルする。

step2 トランプあそびの神経衰弱をやるときのように、すべてのカードをウラにして、一面にひろげる。

step3 1回につき2枚ずつ、同時にカードをめくる。カードの数字がおなじでないときは、その2枚はウラにして、元にもどす。

step4 あらためて、べつの2枚のカードをめくる。これを、2枚ともおなじ数字がでるまでくりかえす。

　数字がそろったら、2枚のカードをよくみましょう。マークの組みあわせと、そろった数字が、占いの結果となります。

　マークの組みあわせによって、「さがしものがでてくるかどうか」がわかり、数字は「さがしものがみつかる場所」を教えてくれます。

　上の図の場合は、♥＋◆の組みあわせで、そろった数字は3です。「占いの結果1」と「占いの結果2」をみてみましょう。

占いの結果 1

さがしものがでてくるかどうかがわかる

なくしたものがどんなものであっても、でてくるとしたら、今日でしょう。もし、今日のうちにでてこなければ、残念ながら、二度とでてくることはなさそうです。

かならずでてきます。春か夏の時期にもらったプレゼントなら、すぐにみつかるでしょう。秋か冬のものなら、ここ1〜2日のうちにみつかりそうです。

たいせつにしていたものなら、きっとでてくるでしょう。家族との会話のなかに場所のヒントがありそうです。ただし、たいせつでないものなら、むずかしいかもしれません。

なくしたものがたいせつなもので、小さなものなら、でてこないかもしれません。それほどたいせつでないもので、大きなものなら、半年後くらいにみつかりそうです。

残念なことに、どこをどんなにさがしてみても、なくしたものがみつかる可能性は、きわめて低いでしょう。しかたがないので、きっぱりと、あきらめましょう。

まちがいなくでてくるはずです。異性からもらったものなら1週間以内に、同性からなら1か月以内に、自分で手にいれたものなら3か月以内にみつかります。

占いの結果 2

さがしものがみつかる場所がわかる

A あなたが、いつも寝おきをしている部屋。

2 かぎやさいふなど、だいじなものをしまっておくところ。

3 学校や塾など、いつも勉強をしているところ。

4 家のなか。とくに、家の人がごはんをつくる台所の近くなど。

5 友だちとよくあそんでいる場所。たとえば、公園、学校の校庭など。

6 あそびなかまの家や親せきの家など。病院の可能性もある。

7 親友の家や、異性の友だちとよくあうファーストフード店など。

8 家の玄関やトイレ、またはベランダや庭など、家のまわり。

9 学校の図書室や中庭。あるいは、体育館の可能性もある。

10 ゲームなどのあそび道具をおいてあるところ。物置きになっているところ。

J クラブ活動のときの行動範囲内。ただし、運動場や体育館はのぞく。

Q ふだんはあまりつかわない部屋。または、クローゼットや押し入れ、くつ箱のなかなど。

K もともとおいてあった場所を、もう一度、しっかりさがしてみよう。

幸運チャートテスト

だいじなときの吉凶を占う

なにか思いきったことをしようとするときや、だいじなイベントをむかえるようなときは、期待に胸をふくらませたり、心配で夜もねむれなくなったりするものです。そんなときは、この占いがおすすめです。

つかうカード
♥2……♥10 ♦2……♦10
♠2……♠10 ♣2……♣10
♥♠♦♣の2～10の36枚

ねがいがかなうかどうか、いい結果がでるかどうか、ラッキーなことがおきるかどうか……。チャートテストのように、カードをつぎつぎとめくりながら、吉凶を占ってみましょう。

占いかた

step1 ねがいをこめながらカードをシャッフルし、36枚のカードを①〜㊱の順番に、ウラにしてならべる。

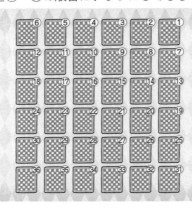

step2 いちばん右上にある①のカードをめくり、でたカードのマークが赤（♥か♦）なら左のカードをめくり、黒（♠か♣）なら下のカードをめくる。

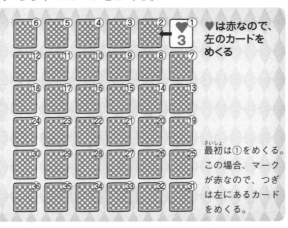

♥は赤なので、左のカードをめくる

最初は①をめくる。この場合、マークが赤なので、つぎは左にあるカードをめくる。

step 3

おなじように、めくったカードのマークが赤（♥か♦）なら左のカードをめくり、黒（♠か♣）なら下のカードをめくる。

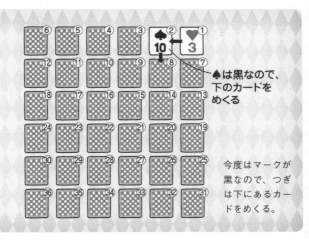

♠は黒なので、下のカードをめくる

今度はマークが黒なので、つぎは下にあるカードをめくる。

step 4

step3をくりかえし、左のはしか、下のはしのカードがめくれたら、そこでストップ。

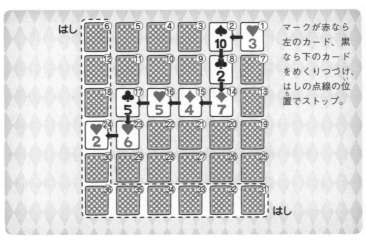

マークが赤なら左のカード、黒なら下のカードをめくりつづけ、はしの点線の位置でストップ。

占いの結果

カードのマークで、だいじなイベントの吉凶がわかる

　最後にめくったカードは、どのマークでしょうか。そのマークが、だいじなイベントでのあなたの運勢です。

♥は大吉

　なにごともうまくいきそうです。きっと、幸運がまっているでしょう。

♣は吉

　まずまずの結果になりそうです。でも、けっして油断をしてはいけません。

♦は中吉

　なかなかよい運勢です。前むきに、自信をもって行動しましょう。

♠は凶

　まったくツイていません。でも、努力しだいで運がむくかもしれません。

幸運度&苦労度グラフ

あなたの苦労はむくわれる？

ねがいごとをかなえるためには、大きなぎせいをはらうこともあれば、ほとんど苦労もせずに、大きな成果をえられることもあります。

あなたがなにかをはじめようと思いたったとき、ぜひ、この占いをためしてみてください。えられる成果や幸運が大きいのか小さいのか、それにともなう試練や苦労が多いのか少ないのか、その度合いを棒グラフのようにみることができます。

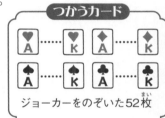

つかうカード

ジョーカーをのぞいた52枚

占いかた

step1
ねがいをこめながら、よくシャッフルする。

step2
ウラにしたまま、1枚めのカードを場におく。

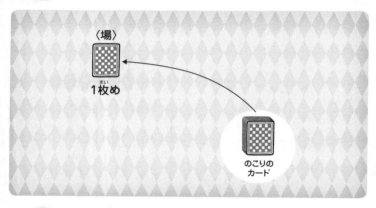

step3
つぎの2枚（2枚めと3枚め）をわきにおく。

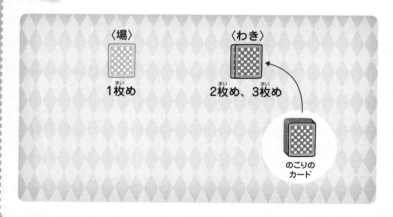

step4
step2とstep3をくりかえして、場に18枚のカードをおく。わきのカードは34枚になる。

〈場〉
こちらのカードをつかう。
18枚

〈わき〉
こちらのカードはつかわない。
34枚

「いち、にいさん」「いち、にいさん」と、かぞえながらおいていくとまちがえない。

のこりのカード

step5
場においたカードを1枚ずつめくってオモテにし、マークが黒なら黒い列に、赤なら赤い列にわけて、右にならべていく。

黒のマークの列

♣7 ♠9 ♣3 ♠5 ♣A ♣Q ♣J ♠4

♦7 ♥A ♥10 ♦2 ♦4 ♦7 ♦J ♦K ♥3 ♥4

赤のマークの列

黒のマーク（♠・♣）と、赤のマーク（♥・♦）の列にわけてならべる。右にのびる棒グラフのようになる。

占いの結果

あなたの幸運度と苦労度がわかる

　黒のカードと赤のカードの枚数を比較すると、あなたのねがいごとについての「苦労度」と「幸運度」がみえてきます。

　黒のマークは苦労の多さ、赤のマークは幸運の大きさをあらわします。黒が赤より多ければ多いほど、苦労が多くなって、幸運度がさがります。黒が赤より少なければ少ないほど、苦労が少なくすんで、幸運度があがります。

黒が多く、赤が少ない

　苦労や試練が多く、そのわりには幸運にめぐまれず、成果もあまり期待できなさそうです。

黒と赤の数がほぼおなじ

　苦労したぶんだけ、むくわれるでしょう。努力すれば、ほどほどに成果もでそうです。

黒が少なく、赤が多い

　それほど苦労しないで、幸運がゲットできそうです。少ない努力で大きな成果がえられるでしょう。

なんでも方位占い

恋愛・お金・友情・勉強のラッキーな方角がわかる！

ある方角にむかうと、運気があがってラッキーなことがおきたり、ぎゃくに不運なめにあったりすることがあります。

この占いでは、恋愛運や金運、友情運、勉強運といった、いろいろなテーマの「ラッキー方位」を知ることができます。デートをするとき、友だちとあそびにいくとき、おこづかいがほしいときや買いものをするときなど、この占いをつかって運をひきよせましょう。

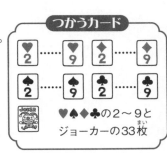

つかうカード

♥♠♦♣の2〜9とジョーカーの33枚

第1章 恋のトランプ占い

第2章 友情のトランプ占い

第3章 だいじなときのトランプ占い

占いかた

step 1
ねがいをこめながらよくシャッフルし、北をむくようにしてすわる。カードをウラにして、北・北東・東・南東・南・南西・西・北西の8か所に、円形においていく。

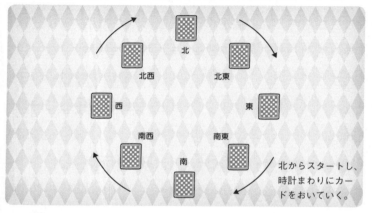

北からスタートし、時計まわりにカードをおいていく。

step 2
おなじように4周したあと、最後の1枚をオモテにして中央におく。

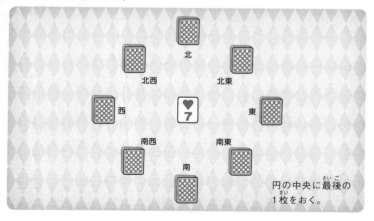

円の中央に最後の1枚をおく。

step3 オモテにしたカードの数字が2なら北、3なら北東、4なら東、5なら南東、6なら南、7なら南西、8なら西、9なら北西の山の上に、オモテのままかさねる。そのとき、ウラになっている山のいちばん上のカードをめくる。

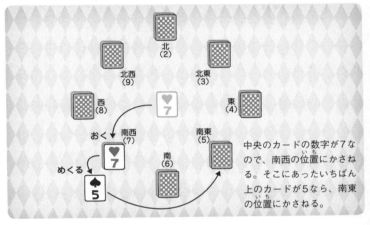

中央のカードの数字が7なので、南西の位置にかさねる。そこにあったいちばん上のカードが5なら、南東の位置にかさねる。

step4 step3をくりかえし、ジョーカーがでたら、そこでストップ。

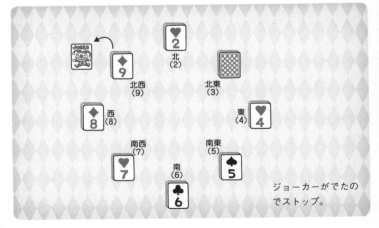

ジョーカーがでたのでストップ。

占いの結果

恋愛運・金運などのラッキーな方角がわかる！

それぞれの山のいちばん上にあるカードのマークに注目します。4種類のマークは、それぞれの方角で幸運がおとずれるテーマをしめしています。♥なら恋愛運、♦なら金運、♣なら友情運、♠なら勉強運のラッキーな方角をしめし、カードがウラむきのままなら、その方角は凶になります。

♥がでたら

恋愛運がラッキーな方角をしめしています。

♠がでたら

勉強運がラッキーな方角をしめしています。

♦がでたら

金運がラッキーな方角をしめしています。

ウラのままなら

わるい運、凶運の方角をしめしています。

♣がでたら

友情運がラッキーな方角をしめしています。

[例]

右の結果なら、♥の北と東と南西は恋愛運のラッキー方位、♦の西と北西は金運のラッキー方位、♣の南は友情運のラッキー方位、♠の南東は勉強運のラッキー方位、ウラの北東は凶運の方位です。

学力が向上するおまじない

勉強が苦手というあなたにぴったりのおまじないです。確実に学力が向上し、テストの対策にも役立つので、いますぐにためしてみましょう。

おまじないのやりかた

①♠Aのカードを、これまで授業で習った教科書の最後のページに、しおりのようにはさんでおく。

②学校から帰宅したら、自分が理解しているページまでさかのぼり、そこから勉強をはじめる。

③勉強がおわったら、ジョーカーのカードに「今日の勉強をわすれませんように」とおねがいして、勉強した最後のページにカードをはさむ。ジョーカーと♠Aのカードが出会うときに、勉強が理解できている。

授業で習った最後のページ

自分が勉強した最後のページ

マーク・矢崎（まーく・やざき）

1959年生まれ。牡牛座O型。日本占術協会会員。占い、おまじない、心理テスト、心霊、ミステリーなど、神秘学全般を研究する一方で、パソコンのプログラムにも精通し、占いのソフト開発もおこなっている。おもな著書に「奇跡の心理テスト」シリーズ（成美堂出版）、「うわさの怪談」シリーズ（成美堂出版）、「ハンディ版 めざせ! 占いクイーン」シリーズ（金の星社）などがある。
http://www.setsuwa.co.jp/markYazaki.php

- 編集・DTP　　ONESTEP
- デザイン　　　VolumeZone
- カバーイラスト　市井あさ
- 本文イラスト　らうん、市井あさ

愛蔵版 ハッピーになれる トランプ占い

初版発行　2015年12月
第3刷発行　2017年3月
著　者　マーク・矢崎
発行所　株式会社 金の星社
　　　　〒111-0056　東京都台東区小島1-4-3
　　　　電話　03-3861-1861（代表）
　　　　FAX　03-3861-1507
　　　　振替　00100-0-64678
　　　　ホームページ　http://www.kinnohoshi.co.jp
印　刷　広研印刷株式会社
製　本　東京美術紙工

NDC148　144p.　18.8cm　ISBN978-4-323-07349-1
©Mark Yazaki, ONESTEP inc. 2015
Published by KIN-NO-HOSHI SHA, Tokyo, Japan.

乱丁落丁本は、ご面倒ですが、小社販売部宛にご送付下さい。
送料小社負担にてお取替えいたします。

（社）出版者著作権管理機構　委託出版物
本書の無断複写は著作権法上での例外を除き禁じられています。複写される場合は、そのつど事前に
（社）出版者著作権管理機構（電話 03-3513-6969、FAX 03-3513-6979、e-mail: info@jcopy.or.jp）の許諾を得てください。
※本書を代行業者等の第三者に依頼してスキャンやデジタル化することは、たとえ個人や家庭内での利用でも著作権法違反です。